시사를 통해 논술 실력 키우기

뉴스 속에 담긴
생각을 찾아라

사고력을 키우는 논술스터디 04
뉴스 속에 담긴 생각을 찾아라

1판 1쇄 인쇄 | 2007. 2. 14.
1판 13쇄 발행 | 2016. 2. 11.

손성진 글 | 마정원 그림

발행처 | 김영사
발행인 | 김강유
편집주간 | 전지운
편　집 | 고영완 문자영 김지아 박은희 김선민 김효성 김보민
디자인 | 김순수 김민혜 윤소라　디자인진행 | 상그라픽아트 반주연
해외저작권 | 김소연
마케팅 | 이재균 곽희은 백미숙 이호윤
제　작 | 김일환
등록번호 | 제 406-2003-036호
등록일자 | 1979. 5. 17.
주　소 | 경기도 파주시 문발로 197(우10881)
전　화 | 마케팅부 031-955-3102 편집부 031-955-3113~20
팩　스 | 031-955-3111

ⓒ 2007 손성진
이 책의 저작권은 저자에게 있습니다.
저자와 출판사의 허락 없이 내용의 일부를 인용하거나 발췌하는 것을 금합니다.

값은 표지에 있습니다.
ISBN 978-89-349-2432-6 73000

좋은 독자가 좋은 책을 만듭니다.
김영사는 독자 여러분의 의견에 항상 귀 기울이고 있습니다.
독자의견 전화 | 031-955-3139
전자우편 | book@gimmyoung.com
홈페이지 | www.gimmyoungjr.com
어린이들의 책놀이터 | cafe.naver.com/gimmyoungjr

KC마크는 이 제품이 공통안전기준에 적합하였음을 의미합니다.

시사를 통해 논술 실력 키우기

뉴스 속에 담긴
생각을 찾아라

손성진(서울신문사 기자) 글
마정원 그림

주니어김영사

시사문제는 논술의 좋은 소재

　논술의 중요성이 강조되고 있습니다. 대학 입시에서도 논술 시험의 비중이 커지고 있습니다. 그러다 보니 학부모님들이 몹시 걱정하시는 모습을 자주 봅니다. 사실 선생님들조차도 논술을 제대로 가르치고 있는 것인지 확신하지 못하고 있는 현실이기도 합니다. 덩달아 학생들 또한 논술 공부에 흥미를 느끼지 못하고 어려워하기만 합니다.

　하지만 너무 걱정할 필요는 없습니다. 어릴 때부터 글쓰기 훈련을 차근차근 하면 누구나 논술을 잘 할 수 있기 때문입니다. 초등학생 때나 그전부터 독서를 꾸준히 하면서 직접 써 보는 연습도 계속해 나가야 합니다. 논술 실력은 조금씩 쌓아 나가야 하지, 벼락공부하듯 한꺼번에 해서는 안 됩니다.

　물론 대학입시만을 위해서 논술을 배우는 것은 아닙니다. 논술은 말 그대로 논리적인 글을 쓰는 것입니다. 생각과 판단을 해서 자기의 주장을 쓰는 글입니다. 논리적인 생각을 할 줄 알아야 논술문을 쓸 수 있습니다. 거꾸로 논술을 공부함으로써 생각하는 힘을 키울 수도 있습니다. 정리하면 논술 공부는 논리적으로 생각하는 힘을 키워 단지 글을 쓰는 것만이 아니라 다른 공부나 활동에도 활용할 수 있는 실력을 키우게 합니다.

논술을 공부하기 위한 책은 많이 있습니다. 그중에 우리가 주변에서 쉽게 구할 수 있는 재료가 바로 신문입니다. 신문은 초등학생이면 누구나 약간의 도움을 받아도 충분히 읽고 이해할 수 있습니다. 신문에서 다루는 중요한 문제들은 논술의 좋은 소재가 됩니다. 또 신문에는 갖가지 세상사가 실려 있습니다. 신문을 열심히 읽으면 시대의 흐름을 읽을 수 있습니다. 일석이조라고 할 수 있겠지요.

이 책은 신문에서 다루는 중요한 문제들, 즉 시사와 관련된 30개 주제를 골랐습니다. 각각의 주제에 대해 스스로 생각해 보고 글을 써 본 다음에 이 책에 실린 논술문을 읽어 보세요. 스스로 글을 쓰고 이해하는 데 도움이 되도록 글쓰기 전에 알아야 할 내용, 시사상식과 지식, 한자말 풀이도 덧붙였습니다. 영어를 잘 하기 위해 영어 문장을 외우듯이 이 책의 논술문을 외울 정도로 읽고 또 읽어 보세요. 글쓰는 실력이 부쩍부쩍 느는 것을 느낄 것입니다.

2007년 2월
손성진

Chapter 01
사회제도와 가치관

01 희생정신과 책임감은 무슨 관계이며 왜 소중한 것일까? ··· 18
02 아기를 낳지 않으면 어떻게 될까? ··· 23
03 자살을 막을 방법은 없을까? ··· 29
04 감시 카메라는 꼭 필요할까? ··· 35
05 학생들의 머리카락 길이는 똑같아야 하나? ··· 40
06 사형제도는 꼭 있어야 할까? ··· 46
07 악법이라도 반드시 지켜야 할까? ··· 53

Chapter 02
경제와 생활

08 가난에서 벗어나려면 어떻게 해야 할까? ··· 60
09 지적 재산권 보호, 왜 필요할까? ··· 65
10 복권은 필요한 것일까? ··· 70
11 석유 값은 왜 오를까? ··· 75
12 대형 마트는 반드시 좋기만 할까? ··· 80
13 농산물 개방, 어떻게 대처해야 할까? ··· 85
14 집값은 왜 안정되어야만 할까? ··· 90

chapter 03
정치와 세계

15 왜 전쟁에 반대할까? ··· 98
16 북한을 도와야 하는 이유는 뭘까? ··· 104
17 문익점은 산업 스파이일까? ··· 109
18 왜 역사를 왜곡하려는 것일까? ··· 114
19 외국인, 혼혈인은 차별하면 왜 나쁠까? ··· 120

chapter 04
문화와 교육

20 얼짱 바람, 어떻게 봐야 할까? ··· 128
21 선생님의 체벌은 괜찮을까? ··· 133
22 여자는 남자보다 못할까? ··· 140
23 개고기를 먹어서는 안 될까? ··· 145
24 한류열풍은 어떤 이득을 줄까? ··· 151

chapter 05
과학과 환경

25 인터넷 언어의 나쁜 점과 좋은 점은 무엇일까? ··· 158
26 온라인 게임 중독은 왜 나쁠까? ··· 163
27 자연과 환경은 왜 보호해야 할까? ··· 168
28 쓰레기 소각장을 마찰 없이 세울 수 없을까? ··· 173
29 인간을 위한 동물 실험은 옳을까? ··· 178
30 웰빙 바람을 어떻게 봐야 할까? ··· 183

☆ 글은 어떻게 쓸까요?

'글을 어떻게 써야 할까?' 누구나 한 번쯤은 이런 고민을 했을 것입니다. 말을 아무리 잘 해도 막상 글로 쓰려면 연필이 멈추어 버리고 맙니다. 첫 줄부터 무엇을 어떻게 쓸까 막막하기만 합니다.

"글은 실타래에서 실을 뽑듯이 쓰라."는 말이 있습니다. 앞뒤의 말이 자연스럽게 연결되도록 쓰라는 뜻입니다. 이것은 글의 짜임새(구성)와 관련이 있습니다. '원숭이 엉덩이는 빨갛다, 빨간 것은 사과, 사과는 맛있다, 맛있는 것은 바나나……' 어린이들이 부르는 이 노랫말을 글쓰기에 응용할 수 있습니다. 꼬리에 꼬리를 무는 연상 훈련은 글을 쓰는데 큰 도움을 줍니다. 산과 인간을 놓고 생각해 볼까요?

'산에는 나무가 있다 → 나무로 책상을 만들 수 있다 → 책상이 없으면 공부를 할 수 없다 → 공부를 하려면 산을 잘 가꾸어야 한다 → 산을 가꾸

지 않고 훼손하는 사람들이 많다 → 그런 사람들을 엄하게 다스려야 한다'

처음에는 막연하지만 실타래를 풀듯이 연상을 하면 그렇게 어렵지 않지요? 글쓰기에서 가장 중요한 세 가지는 글에 담길 지식과 표현력 그리고 글의 구성력입니다. 학식이 높은 훌륭한 사람들이 쓴 책에는 지식이 들어 있을 뿐 아니라 짜임새도 있고, 좋은 표현들도 담겨 있습니다. 송나라의 유명한 문장가이며 당송 8대가의 한 사람인 구양수는 글을 잘 쓰려면 많이 읽고(多讀), 많이 쓰고(多作), 많이 생각하라(多商量)는 '삼다(三多)'를 이야기했습니다. 어릴 때부터 독서를 많이 하고 일기나 독후감을 쓰는 연습부터 글쓰는 연습을 많이 하며, 옳고 그름을 판단해야 하는 문제에 대해 생각을 해서 스스로 결론을 내 보도록 합시다. 친구들끼리 토론을 해 보는 것도 좋은 방법입니다.

| 좋은 글이 되기 위한 필요 요소 |

1. 주제가 뚜렷해야 합니다.
2. 독창적이어야 합니다.
3. 읽는 사람을 설득할 수 있는 근거와 이유가 있어야 합니다.
4. 올바른 어휘나 낱말을 쓰고 문법이 맞아야 합니다.
5. 진실과 진심이 담겨 있어야 합니다.
6. 간결하고 쉽게 써야 합니다.
7. 감동과 재미가 담겨 있어야 합니다.
8. 내용이 충실하고 풍부해야 합니다.
9. 앞말과 뒷말이 같아야 합니다. 즉, 일관성이 있어야 합니다.
10. 같은 말이 반복되지 않고 군더더기가 없어야 합니다.

☆ 논술문이란 어떤 글일까요?

논술문(논설문)은 어떤 문제에 대한 자신의 주장을 쓰는 글입니다. 그런 점에서 설명문이나 서술문과는 다릅니다. '바다가 오염되고 있다.'는 설명하는 글이지만 '바다를 오염시켜서는 안 된다.'고 하면 주장하는 글이 됩니다. 논술문에는 옳고 그름에 대한 판단과 주장이 들어가야 합니다.

1. 게임중독은 나쁘다. 제발 새해에는 게임을 끊자. 2. 게임에 중독되면 현실과 게임을 망각해 실생활에서 폭력을 휘두르는 등 정신건강에 문제를 일으킨다. 게임에 빠지면 공부시간을 빼앗겨 성적이 떨어진다. 그래서 게임은 끊거나 최소한으로 줄이는 것이 좋다.

어떤 글이 설득력이 있습니까? 당연히 두 번째 문장입니다. 주장만 하고 근거나 이유를 제시하지 못하면 혼자 허공에 대고 소리치는 것과 같습니다. 근거 없이 감정만 앞세워 주장하는 글은 설득력이 없습니다.

논술문은 서론, 본론, 결론으로 나누어서 씁니다.

서론은 글을 쓰게 된 동기를 내세우고 문제를 제기합니다. 글의 첫머리이므로 읽는 사람으로 하여금 글을 읽고 싶은 마음, 즉 호기심을 불러일으키게 써야 합니다. 글의 주제와 관련이 있는 흥미로운 사례나 어구를 써서 눈길을 끌도록 합니다. 위인의 명언이나 책에 나온 내용을 인용해도 좋습니다. 뜻풀이로 시작할 수도 있습니다.

본론은 글의 중심입니다. 길이로 따지면 서론의 4~5배 정도 분량이

됩니다. 문단을 여러 개로 나누어 자신의 주장을 구체적이고 논리적으로 전개해 나가는 과정입니다. 주장마다 객관적인 근거와 이유를 제시합니다. 책이나 백과사전 등에 나오는 지식이나 속담, 신문 보도 내용, 학자의 말 등을 인용해서 주장을 뒷받침합니다.

결론은 마무리 부분으로 본론에서 주장한 모든 내용을 요약하여 다시 한번 강조하는 부분입니다. 집을 지을 때도 뼈대를 먼저 만들듯이 서론, 본론, 결론의 얼개를 미리 만들어 놓고 쓰는 습관을 들이면 더욱 좋은 글을 쓸 수 있습니다.

☆ 신문을 어떻게 읽어야 할까요?

세상에는 책에서 찾을 수 없는 매우 다양한 일들이 일어납니다. 신문이나 방송에서는 그중에서도 중요한 사건이나 새로운 것들을 골라서 독자들에게 알려 줍니다. 신문에는 정치와 사회, 경제, 문화, 체육 등 분야를 가릴 것 없이 수많은 기사들이 매일 실립니다. 기사에는 세상의 소식은 물론이고 논쟁거리가 될 만한 내용들도 많이 들어 있습니다. 이런 사회적인 현상이나 사건들을 시사라고 합니다. 기사는 대체로 있는 그대로 독자들에게 사실을 전달하는 데 목적을 둡니다. 그러나 사설은 다릅니다. 현상이나 사건에 대해 '옳다, 그르다'의 판단을 한 뒤 논리적으로 쓰는 글이 사설입니다.

좋은 기사나 사설을 골라서 읽으면 논술문을 쓰는 데 큰 도움이 됩니다.

한 신문을 살펴볼까요?

　한국의 철강, 자동차 시장을 중국이 잠식할 수 있다는 기사가 1면에 있습니다. 초등학생에게는 조금 어려운 내용이지만 중국 경제가 팽창해서 한국 시장을 빼앗으려 할 때 우리는 어떻게 대응해야 하는지 생각해 볼 수 있습니다. 2면에는 작년 실업자 수가 4년 만에 최고를 기록했다는 경제 기사가 있습니다. 실업은 왜 생기는지, 실업률은 무엇인지, 실업을 줄이려면 어떻게 해야 하는지 공부할 수 있는 소재가 됩니다. 3면의 '피아노 학원, 노래방도 소음 규제'라는 제목의 기사는 소음 공해 문제에 대한 이야기입니다. 15면을 펼치면 미국의 가정에서 세 자녀 출산이 늘고 있다는 기사가 나옵니다. 우리나라는 아기를 낳지 않아 문제라고 하는데 미국에서는 출산율이 높아지고 있다는 흥미로운 기사입니다. 한국과 미국이 왜 다른지 알아보고 출산율을 높이기 위해서는 어떻게 해야 하는지 토론해 볼 수 있습니다.

　특히 사설과 칼럼은 논술문과 비슷한 구조로 되어 있습니다. 또한 사설은 사회적으로 중요한 이슈를 다루기 때문에 세상의 흐름을 알 수 있습니다. 이해하기 쉬운 것을 하루에 한두 개 골라 읽어 보세요. 마음에 드는 사설은 오려 모으기를 통해 외우다시피 반복해서 읽으면 실력이 느는 것을 느낄 수 있습니다.

　신문기사는 초등학생이 읽기에 쉽지

는 않습니다. 이해하기 어렵더라도 국어사전이나 시사용어사전을 찾거나 부모님께 물어 보면서 꾸준히 신문을 읽는 노력을 하면 사고력과 표현력, 문장력을 키우는 데 보탬이 됩니다. 시사를 공부하면 세상의 변화를 잘 알 수 있음은 물론 상식도 풍부해집니다. 그래서 시사공부는 대학에 갈 때나 성인이 되어 입사시험을 칠 때도 반드시 해야 하는 필수적인 것입니다.

☆ 신문은 어떻게 나올까요?

신문은 크게 나누어 취재와 기사 작성, 인쇄 과정을 거쳐서 나옵니다. 기자들은 뉴스가 있는 현장을 밤낮으로 다니며 취재를 합니다. 취재를 마친 후 노트북 컴퓨터로 기사를 작성해 편집국으로 보냅니다.

편집국에는 정치부, 경제부, 사회부, 문화부, 체육부, 국제부 등 10여 개의 부서가 있고 기자들이 맡은 분야도 제각각 다릅니다. 예를 들어 국회에서 국회의원들의 활동을 취재하는 기자도 있고, 범죄 현장에서 사건을 취재하는 기자도 있습니다. 편집국장을 비롯한 편집 책임자들은 제작회의를 열어 그날 기사를 어느 정도의 크기로, 어느 면에 실을지 결정합니다. 가장 중요하다고 판단되는 기사는 톱뉴스로 정합니다.

취재 기자가 보낸 기사는 데스크(기사 내용을 읽고 수정하는 사람)의 손을 거쳐 편집기자에게 넘겨집니다. 편집기자는 기사의 제목을 달고 신문의

지면을 디자인합니다. 사진도 적절하게 배치합니다. 편집은 컴퓨터 화면에서 이루어집니다. 이렇게 짠 지면을 윤전기로 인쇄하면 신문이 만들어지는 것입니다. 최신 윤전기는 한 시간에 10만 부 이상을 찍을 수도 있습니다. 신문사에서 차량으로 지국으로 옮겨진 신문을 배달원들이 독자들에게 배달하면 모든 과정이 끝납니다.

사설은 논설위원들이 씁니다. 정치, 경제, 사회 분야 등의 문제를 놓고 옳고 그름을 판단해 논리적으로 비판하기도 하고 지지하기도 합니다.

☆ 신문의 역사

로마시대에 '악타 디우르나'라고 하는 관보(정부가 정책을 알리는 신문) 형태의 신문이 있었습니다. 여기에 검투 경기나 공직 인사 소식도 실렸는데, 유명한 로마의 정치가인 시저(카이사르)는 도시 전역에 이 신문을 붙이라고 명령하곤 했답니다. 이때는 인쇄술이 없어 손으로 직접 썼습니다. 중국에서도 8세기 중국 당나라 시대에 '저보(邸報)'라는 관보가 있었습니다.

15세기 중반 구텐베르크가 활자를 발명한 뒤 인쇄한 신문이 나올 수 있게 되었습니다. 근대적인 신문이 나타난 것은 17세기였습니다. 1609년 독일에서 세계 최초의 주간신문인 '렐라치온'과 '아비소'가 나왔습니다.

1660년에는 세계 최초의 일간

신문인 '라이프치거 차이퉁겐'이 독일에서 발간됐습니다. 미국 최초의 신문은 1704년에 창간된 주간지 '보스턴 뉴스 레터'입니다. 미국 최초의 일간지는 '펜실베이니아 이브닝 포스트'로 1783년 창간됐습니다.

한국 최초의 근대신문은 1883년 10월 창간된 '한성순보'입니다. 그리고 한국 최초의 민간신문은 1896년 4월 서재필이 창간한 '독립신문'입니다. 이 신문은 한글만 썼고 띄어쓰기를 처음으로 했습니다. 구한말에는 일본제국주의를 비판한 민족지들이 창간됐는데, 1904년 7월 18일 창간된 대한매일신보(서울신문의 뿌리)도 그 하나입니다. 일제시대에는 3.1운동 이후 일본이 회유책으로 조선일보와 동아일보를 발행하도록 허가했습니다.

현재 우리나라 일간지는 전국에서 138종이 발행되고 있습니다.

chapter 01
사회제도와 가치관

이상적인 사회제도는 사회를 이루고 있는
한 사람 한 사람의 바라는 바를 만족시키면서도
사회 전체가 잘 유지될 수 있도록 만들어져야 한다.
하지만 모든 사람들이 원하는 바를 동시에
만족시킬 수 없기 때문에 여러 가지 생각과 가치관의
차이가 생기게 된다.

 희생정신과 책임감은 무슨 관계이며 왜 소중한 것일까?

술에 취했거나 혹은 실수로 지하철 선로에 떨어진 사람을 구한 의로운 사람들의 이야기가 신문에 가끔 소개되고는 합니다. 자신의 목숨을 돌보지 않고 위기에 빠진 다른 사람을 구해 낸 이들의 희생정신과 책임감에 대해 자신의 생각을 글로 써 봅시다.

★ 글을 쓰기 전에 알아야 할 내용 ★

- **희생정신이란 무엇인가?** | 다른 사람이나 어떤 목적을 위하여 자신의 목숨, 재산, 명예, 이익 따위를 바치거나 버리는 정신.
- **책임감이란 무엇인가?** | 맡아서 해야 할 임무나 의무를 중히 여기는 마음.
- **이기주의란 무엇인가?** | 자기 자신의 이익만을 꾀하고, 다른 사람이나 사회 전체의 이익은 염두에 두지 않으려는 태도.
- **순국선열이란 무엇인가?** | 조상님 중에서 나라를 위하여 목숨을 바친 열사.

요점 국가나 다른 사람들을 위해 자신의 몸을 희생하는 사람들이 있다. 이기주의가 판치는 사회에서 이들의 의로운 행동은 어둠 속의 빛과 같다. 자신이 아닌 다른 사람을 먼저 생각하는 사람들의 숭고*한 정신과 순국열사들의 애국심을 본받아 쉽게 할 수 있는 주변의 작은 일부터 실천할 때 사회는 아름다워진다.

얼마 전 부산 금정소방서 서병길 소방관이 가스폭발사고 현장에 출동해 주민 2명을 구한 뒤 건물더미에 깔려 숨졌다. 몇 년 전 일본 도쿄의 지하철에서 한국인 이수현 씨가 선로에 떨어진 일본 사람을 구하고 열차에 치여 숨졌다. 그리고 '아름다운 철도원'으로 불리는 김행균 씨는 서울 영등포역에서 열차가 다니는 철길 위로 뛰어든 아이를 구하고 두 발을 잃었다.

목숨을 걸고 다른 사람을 구하는 사람들은 희생정신이 특별히 강한 사람들이다. 이런 사람들을 우리는 의인이라고 부른다. 의인들은 마치 양초가 자신의 몸을 태워 불을 밝히는 것처럼, 목숨을 잃는 것조차 두려워하지 않고 자신의 몸을 던져 사회의 등불이 된다.

책임감은 희생정신과 밀접한 관계가 있다. 위급한 상황이 닥쳤을 때 문제를 해결해야 한다는 책임감이 몸을 던지게 만든다. 불길 속에 뛰어들어 어린이나 노인을 구하고 자신은 희생되는 119 구조대원들의 이야기는 가슴을 뭉클하게 한다. 불을 끄고 인명을 구해야 한다는 직업적인 책임감이 투철한 사람들이다.

희생정신과 책임감으로 나라를 위해 싸우다 죽은 순국선열들 역시 귀감이 된다. 이순신 장군은 노량해전에서 왜군과 싸우다 화살에 맞아 돌아가셨고, 안중근 의사는 우리나라를 침략한 원흉인 이토 히로부미를 저격한 뒤 감옥에서 사형을 당했다. 살신성인의 의로운 죽음이다.

하지만 안타깝게도 우리 주변에는 자기만을 생각하는 이기적인 사람들도 많다. 운전할 때 절대 양보하지 않거나, 장애인 학교가 혐오시설이라며 자기 동네에 들어서는 것을 싫어하는 사람들, 부자이면서도 세금을 내지 않으려고 버티는 사람들이 그런 사람들이다. 이렇게 이기적인 사람들이 많다면 우리 사회는 어떻게 될까? 삭막한 세상이 될 것은 불 보듯 뻔한 일이다.

사회는 여러 사람이 어우러져서 함께 살아가는 공동체다. 혼자만의 힘으로 살 수는 없다. 모든 사람들이 각자의 자리에서 묵묵히 자신이 맡은 일을 하기 때문에 세상은 돌아간다. 특별한 이유가 없어도 다른 사람들에게 고마운 마음을 가져야 하는 까닭이다. 버스 운전사가 없다면 어떻게 대중교통을 이용하며, 선생님이 없다면 어떻게 공부를 할 수 있을까.

남을 위해 목숨을 희생하라고 강요할 수는 없다. 그러나 이기주의를 버리고 다른 사람을 위해 자신을 조금만 희생하면 실천할 수 있는 일들이 의외로 많다. 길을 찾는 할머니에게 도움을 준다거나, 길에 떨어진 휴지를 줍는 작은 희생들이 하나씩 모일 때 사회는 건강하고 아름다워진다.

⭐ 관련 인물

<u>안중근(1879~1910)</u> 한말의 독립운동가. 황해도 해주 출생. 교육자로 일했으나 나라가 기울자 1907년 연해주로 망명해 의병운동에 참가했다. 1909년 동지 11명과 구국투쟁을 벌일 것을 손가락을 끊어 맹세했다. 그 해 10월 침략의 원흉 이토 히로부미를 만주 하얼빈 역에서 사살했다. 이듬해 3월 사형이 집행됐다.

안중근

⭐ 시사상식과 지식

<u>노블레스 오블리주</u> 사회적 신분과 지위가 높은 만큼 도덕적 의무와 희생정신도 투철해야 한다는 의미의 프랑스 말. 로마시대 이후 서양에서는 높은 계층의 사람들이 국가를 위해 희생하는 전통이 이어져 내려오고 있다. 제1차, 제2차 세계대전에서 영국의 고위층 자녀 2,000여 명이 전사했고, 한국전쟁 때에도 미군 장성의 아들 142명 중 35명이 목숨을 잃거나 다쳤다.

⭐ 알아둬야 할 한자어

崇高 (높을 숭, 높을 고) | 존엄하고 고상함.

龜鑑 (거북 귀, 거울 감) | 거울로 삼아 본받을 만한 모범.

義人 (옳을 의, 사람 인) | 의로운 사람.

元兇 (으뜸 원, 흉악할 흉) | 못된 짓을 한 사람의 우두머리.

殺身成仁 (죽일 살, 몸 신, 이룰 성, 어질 인) | 자기의 몸을 희생하여 옳은 도리를 행함.

 더 생각해 보기

1. 책임감에 투철하여 자신을 희생한 역사 인물을 찾아보자.

2. 사회의 구성원은 누가 있고, 각자 어떤 일을 하고 있는지 알아보자.

3. 남을 위해 할 수 있는 작은 희생이나 봉사활동은 어떤 게 있을지 알아보자.

02 아기를 낳지 않으면 어떻게 될까?

우리나라의 출산율이 세계에서 가장 낮다는 뉴스가 보도되었습니다. 주위에는 결혼을 미루거나, 결혼을 하더라도 아기를 낳지 않겠다는 사람도 많습니다. 태어나는 아기가 줄어든다면 어떤 문제가 생기는지 알아보고, 그에 대한 대책과 자신의 생각을 글로 써 봅시다.

★ 글을 쓰기 전에 알아야 할 내용 ★

- **국민소득(GNI)이란 무엇인가?** | 보통 1년 동안 한 나라의 국민이 생산 활동의 결과로 얻은 최종 생산물의 총액.
- **국력이란 무엇인가?** | 나라가 지닌 정치, 경제, 문화, 군사 등 모든 방면에서의 힘.
- **출산율이란 무엇인가?** | 아기를 낳는 비율. 일정 기간에 태어난 아기가 전체 인구에서 차지하는 비율을 말한다.
- **사교육비란 무엇인가?** | 학교에 내는 등록금 외에 학원비나 과외비 등.

요점 인구가 너무 적으면 일할 사람이 없고, 너무 많으면 식량 부족 등의 문제가 생긴다. 중국이나 인도 등은 인구가 너무 많아 골치를 앓고 있지만 우리나라는 출산율이 계속 떨어져 문제이다. 인구는 국력이라고도 한다. 아기를 많이 낳게 하기 위해 장려금을 주거나 탁아시설을 늘리는 등의 대책을 국가가 나서서 마련해야 한다.

1970년 대만 해도 우리나라는 인구가 너무 많아서 '둘만 낳아 잘 기르자'는 구호를 외치며 아이의 수를 제한하는 운동을 펼쳤다. 인구가 많으면 식량도 모자라고 1인당 소득도 줄어들어 가난해지게 마련이다.

세계에서 가장 인구가 많은 나라는 중국으로 세계 인구의 22%를 차지한다. 2005년 1월 6일 13억 번째 국민이 탄생했다고 중국 신문들은 보도했다. 중국은 값싼 노동력을 이용해 경제가 급성장*하고 있지만, 한편으로는 인구가 지나치게 많기 때문에 1인당 국민소득이 1,700달러 수준에 머물러 있다. 이는 우리나라의 9분의 1에 불과한 수준이다(2006년 현재).

그에 비해 우리는 지금 아기를 낳지 않아서 탈이다. 1980년대 이후 출산율이 급격히 줄어들어 2005년에 한 여성이 낳은 아기의 수가 평균 1.08명으로 세계에서 가장 아기를 적게 낳는 나라가 됐다. 출산율이 떨어지는 것은 가장 빨리 해결해야 할 '발등에 떨어진 불'이다.

출산율의 하락은 인구가 점차 줄어든다는 것을 의미한다. 이는 갈수록 젊은 사람이 부족해져 국가 전체적으로 생산이 감소해 경제성장을 더디게 만든다. 반대로 노인 인구 비율은 높아져 고령화 사회가 된다. 의료기술의 발달과 높은 생활수준 덕분에 요즘에는 노인들도 일한다고는 하지만, 젊은이들이 감당해야 하는 몫은 분명히 따로 있다. 젊은 사람들이 없으면 신속한 판단과 새로운 기술이 필요한 분야는 정체될 수밖에 없다. 이처럼 앞선 기술력과 시스템을 필요로 하는 핵심 분야가 정체되면 경제는 성장하지 못한다.

여기서 우리나라 엄마들이 아기를 낳지 않으려는 이유에 대해 생각해 보자. 가장 큰 이유는 교육비와 육아 문제 때문이다. 교육열이 높은 우리나라의 사교육비는 세계 최고 수준이다. 아빠와 엄마가 같이 직장에 다니면서 악착같이 돈을 벌어 자녀의 교육비를 대려고 한다. 그러나 엄마와 아빠가 출근할 때 아기를 맡길 곳이 없다. 즉 돈 걱정에 탁아 부담까지 안고 있다. 그래서 번듯하게 키우지도 못하고 키우느라 고생하기보다는 적게 낳거나 낳지 않고 편하게 살겠다고 생각하는 것이다.

사실 인구감소 현상은 우리나라에만 있는 것은 아니다. 우리만큼 심각하지 않아서 그렇지, 선진국에서도 나타나는 현상이다. 그래서 이들 나라들은 오래전부터 인구를 늘리려고 탁아소도 많이 짓고, 아기를 낳기만 하면 장려금을 주고, 세금도 깎아주는 등 다양한 정책을 펴고 있다.

이런 노력 덕분에 프랑스나 미국 같이 인구감소를 걱정했던 나라들에서는 조금씩 출산율이 높아지고 있다. 우리나라도 아기를 많이 낳는 가정에 출산장려금과 교육비, 주거비와 같은 경제적인 지원은 물론, 탁아시설을 늘리는 등 대책을 세워야 한다.

⭐ 관련 인물

<u>맬더스(1766~1834)</u> 영국의 경제학자이자 사회학자. 케임브리지 대학에서 수학을 공부했다. 식량이 늘어나는 속도보다 인구가 늘어나는 속도가 훨씬 빨라 과잉인구로 인한 식량부족은 피할 수 없다고 주장했다. 그러나 오늘날에는 인구감소가 오히려 빈곤의 원인이 되므로 맬더스의 이론은 수정되어야 한다.

맬더스

⭐ 시사상식과 지식

<u>고령화 사회</u> 보통 65세 이상의 노인 인구가 총인구의 7% 이상을 차지하는 사회를 말한다. 65세 이상이 20% 이상이면 초고령 사회라고 한다. 대부분의 서구 선진국들은 20세기 초를 전후해 고령화 사회로 진입했다. 우리나라는 2000년에 노인 인구가 전체 인구의 7%로 이미 고령화 사회에 들어섰으며, 2026년쯤에는 20%를 넘어 초고령 사회가 될 것으로 예측된다.

<u>우리나라 출산정책의 변화</u> '덮어놓고 낳다 보면 거지꼴을 못 면한다'(1960년대), '딸, 아들 구별 말고 둘만 낳아 잘 기르자'(1971년), '잘 키운 딸 하나 열 아들 안 부럽다'(1978년), '아빠, 혼자는 싫어요. 엄마, 저도 동생을 갖고 싶어요.'(2004년 6월), 이런 표어의 변화에서 볼 수 있듯이 우리나라는 1970년대까지는 출산을 제한하고, 남자 아이만을 낳으려는 풍조를 물리치려는 정책을 폈다. 그러나 1980년대에 들어 출산율이 떨어지면서 산아제한 정책은 더 이상 펴지 않게 됐고, 1990년대 후반부터는 출산을 적극 장려하는 쪽으로 정책을 바꾸었다.

⭐ 알아둬야 할 한자어

急成長
급할 이룰 긴
급   성   장
| 규모가 매우 빠르게 커짐.

過剩
지날 남을
과   잉
| 예정하거나 필요한 수량보다 많음.

託兒所
부탁할 아이 바
탁   아   소
| 부모 대신 어린아이들을 맡아 돌보는 사회적 시설.

⭐ 문장 만들어 보기

<u>급성장</u>   1970년대 이후 한국 경제는 눈부시게 급성장했다.

<u>과잉</u>   인구 과잉으로 지구는 몸살을 앓고 있다.

<u>탁아소</u>   탁아소에 아이를 맡기다.

1. 인구가 많은 나라와 적은 나라의 국력과 생활수준은 어떻게 다른지 알아보자.

2. 부모가 된 내가 직장을 다니고 있다면 출근할 때 아이를 어디에 맡길 것인지 생각해 보자.

3. 우리 집에 나를 포함해서 형제가 12명이라면 어떨까?

 # 자살을 막을 방법은 없을까?

생활이 어렵거나 힘들다는 이유로 자살을 하려는 사람들이 늘고 있습니다. 목숨은 귀중한 것인데 자살하려는 사람들이 늘어나는 이유가 무엇인지 생각해 보고, 자살을 막기 위한 방법으로 어떠한 것이 있는지 자신의 생각을 글로 써 봅시다.

☆ 글을 쓰기 전에 알아야 할 내용 ☆

- **생활고란 무엇인가?** | 경제적인 곤란으로 겪는 생활상의 괴로움.
- **독거노인이란 무엇인가?** | 가족 없이 혼자 살아가는 노인. '홀로 사는 노인'이라고 쓰는 것이 좋다.
- **판단력이란 무엇인가?** | 사물을 인식하여 논리나 기준 등에 따라 판정할 수 있는 능력.
- **이승이란 무엇인가?** | 지금 살고 있는 세상.

요점 최근에 자살하는 사람들이 많이 늘고 있다. 자살은 심각한 사회 문제이다. 자살이 많은 국가는 사회적 병폐와 문제점이 많다는 증거이기도 하다. 자살의 원인을 분석해서 정부는 방지 대책을 세워야 한다. 어려울 때는 처지를 비관하지 말고 온 국민이 힘을 합쳐서 고통을 이겨내야 한다. 특히 청소년 자살을 막기 위한 상담시설도 만들어야 한다.

우리나라는 세계에서 자살하는 사람이 4번째로 많은 나라이다. 45분마다 한 명이 자살한다고 한다. 한 해에 교통사고로 죽는 사람보다 자살로 죽는 사람 숫자가 더 많은 꼴이다. 그래서 우리나라는 '자살왕국'이라는 부끄러운 말을 듣고 있다.

통계에 따르면 자살을 하는 가장 큰 이유는 가난, 즉 생활고이다. 빈곤*으로 생활고를 못 이긴 엄마가 아이들을 아파트 창으로 던지고 뒤이어 뛰어내리거나, 일부러 자동차 사고를 내어 죽는 끔찍한 경우도 있었다. 애인과 헤어졌다고, 취직에 계속 실패한다고 목숨을 헌신짝 버리듯이 버리는 경우도 허다하다. 자식에게 버림받거나, 배우자를 먼저 보내고 홀로 남은 노인들은 외로움과 질병에 시달리다가 죽음을 선택하고 만다.

고민을 해결할 능력이 없는 청소년들의 무분별한 자살은 더 큰 사회적 문제가 아닐 수 없다. 대학 입학시험 낙방이나 학교폭력 때문에 목숨을 끊는 청소년들에 관한 기사가 심심찮게 신문에 보도된다. 2006년 2월에는 한 중학생이 휴대전화 게임 요금이 370만 원이나 나오자 괴로워하다 자살을 하고 말았다.

자살을 막으려면 가난한 사람들이 최소한의 생계를 이어나갈 수 있도록 정부에서 지원해야 한다. 빈곤층과 독거노인들을 위한 복지대책을 더 강화하고 돈을 벌 수 있게 일자리를 만들어 주어야 한다. 판단력이 부족한 청소년들을 위한 자살예방 상담 센터를 만들어 예방교육과 더불어 고민을 적극적으로 상담해 주는 것이 중요하다. 자살하는 데 쓰는 독약을 사고파는 가게나 인터넷 사이트, 자살을 부추기거나 동조하는 인터넷 사이트는 폐쇄해야 한다.

무엇보다 중요한 것은 사랑이다. 부모는 자식을 사랑으로 감싸주고 자식은 부모를 효성으로 모신다면 아무리 힘들어도 죽겠다는 생각만큼은 들지 않을 것이다. 불행히도 가족이 없는 사람들에게는 주변 사람들의 관심과 사랑이 꼭 필요하다. 사랑만큼 사람에게 힘이 되는 것은 없기 때문이다.

목숨은 자기 것이니까 자기 마음대로 할 수 있다고 생각할지 모른다. 하지만 목숨은 부모님이 주신 것이다. 자기 마음대로 죽음을 선택할 수 있는 것이 아니다. 자살은 죽는 사람 한 사람으로 끝나는 것이 아니라, 자살하는 그 사람을 둘러싼 모든 이들의 가슴에 씻을 수 없는 상처를 남긴다. 그들이 평생 짊어지고 가야 할 마음의 상처를 생각하면, 죽겠다는 생각이나 행위를 할 수는 없을 것이다.

"깨끗이 죽는 것보다 더럽게 사는 것이 낫다.", "개똥밭에 굴러도 이승이 낫다."는 말이 있다. 아무리 힘들더라도 살겠다는 의지를 가지고 최선을 다해서 살면, 인생은 아름다워질 것이다.

⭐ 관련 인물

알베르 카뮈(1913~1960) 프랑스의 소설가. 작품 《시지프스의 신화》에서 "자살한다는 것은 인생에 패배했다는 것, 혹은 인생을 이해하지 못했음을 고백하는 것이다."라고 말했다. 프랑스의 식민지였던 알제리에서 태어났다. 《이방인》으로 문학계의 주목을 받았고 1957년 노벨문학상을 수상했다.

알베르 카뮈

고흐(1853~1890) 네덜란드의 화가로 프랑스에서 활동했으며, 주로 노동자·농민 등 하층민들의 모습을 그렸다. 고갱과 함께 살기도 했으나 성격 차이가 심했다. 정신병 발작을 일으켜 고갱과 다툰 끝에 면도칼로 자신의 귀를 잘랐고, 끝내 권총으로 자살하고 말았다. 자화상 40여 점 외에도 《감자 먹는 사람들》, 《빈센트의 방》, 《별이 빛나는 밤》, 《밤의 카페》 등의 작품이 유명하다.

고흐의 자화상

⭐ 시사상식과 지식

베르테르 효과 자살의 전염 현상을 일컫는 말. 괴테의 소설 《젊은 베르테르의 슬픔》이 발간된 뒤 주인공의 권총자살을 본뜬 자살사건이 유럽에서 유행처럼 번져간 데서 이런 이름이 붙여졌다. 1974년 미국의 사회학자 데이비드 필립스가 처음으로 사용했다. 언론의 무분별하고 무책임한 자살보도가 오히려 비슷한 형태의 자살을 부추긴다는 분석도 있다.

⭐ 알아둬야 할 한자어

病弊 (병 병, 폐단 폐) | 병과 폐단.

豫防 (미리 예, 막을 방) | 질병이나 재해 따위를 미리 대처하여 막는 것.

閉鎖 (닫을 폐, 쇠사슬 쇄) | 문을 닫고 자물쇠를 채움.

相談 (서로 상, 말씀 담) | 문제를 해결하거나 궁금증을 풀기 위하여 서로 의논함.

貧困 (가난할 빈, 괴로울 곤) | 가난하여 살기가 어려움.

⭐ 문장 만들어 보기

병폐 사회가 안고 있는 모든 부조리와 병폐를 고발하는 소설을 쓰다.

예방 병은 치료보다 예방이 중요하다.

폐쇄 지하 차도 두 곳이 연말까지 폐쇄돼 통행할 수 없게 된다.

상담 내일 선생님과 진로 문제를 상담하기로 했다.

빈곤 많은 나라가 경제적 빈곤에서 벗어나려고 노력하고 있다.

 더 생각해 보기

1. 자살하려는 사람의 심정을 생각해 보고 그들을 도울 방법은 없는지 생각해 보자.

2. 행복하게 살기 위해 내게 필요한 것들은 무엇인지 생각해 보자.

3. 《젊은 베르테르의 슬픔》을 읽고 주인공 베르테르가 왜 자살을 시도했는지 생각해 보자.

감시 카메라는 꼭 필요할까?

서울 강남구를 비롯한 여러 곳에서 주민들이 밤길을 안전하게 다닐 수 있게 감시 카메라를 설치해 두고 있습니다. 은행이나 아파트에도 감시 카메라가 있습니다. 하지만 감시 카메라가 필요하다는 의견과 없어져야 한다는 의견이 팽팽히 맞서고 있습니다. 이에 대한 자신의 생각을 글로 써 봅시다.

☆ 글을 쓰기 전에 알아야 할 내용 ☆

- **파파라치란 무엇인가?** | 유명인을 뒤쫓아 다니는 사진사들을 이르는 말.
- **도청이란 무엇인가?** | 남의 이야기, 회의의 내용, 전화 통화 따위를 몰래 엿듣거나 녹음하는 일. '엿들음' 이라는 말로 쓰면 좋다.
- **과태료란 무엇인가?** | 의무 이행을 태만히 한 사람에게 벌로 물게 하는 돈.

요점 어떤 것이든지 좋은 점이 있으면 동시에 문제점도 갖고 있다. 감시 카메라도 그렇다. 은행에 감시 카메라가 있으면 불법적으로 돈을 빼 가는 범인을 잡고 범죄를 예방하는 데 이용할 수 있다. 그러나 감시 카메라는 다른 사람의 얼굴과 생활을 몰래 촬영함으로써 사생활을 침해할 가능성이 크다. 범죄예방과 사생활보호라는 두 가지 목적이 서로 충돌하는 것이다.

은행이나 학교, 백화점, 지하철 등의 공공장소에서 무인감시 카메라를 쉽게 볼 수 있다. 법규를 위반하는 사람들을 찍기 위해 활동하는 파파라치들도 있다. 비닐봉지를 무료로 주는 가게, 도로에 쓰레기를 버리는 사람, 불량식품을 파는 가게 등 파파라치들의 활동 무대는 매우 다양하다. 내가 언제 어디서든 카메라에 찍힐 수 있다고 생각하고 다녀야 하는 세상이 된 것이다.

무인감시 카메라는 범죄를 예방하거나 범죄자를 잡는 데 도움을 준다. 행동이 수상한 사람을 미리 잡아낼 수도 있고, 범죄가 일어난 다음에는 카메라에 찍힌 장면들을 분석하여 범인의 윤곽을 찾아낼 수도 있다. 도로에 있는 과속탐지 카메라는 자동차의 속도를 제한하여 교통사고를 줄이는 역할을 한다. 감시 카메라를 설치하기 어려운 곳에서는 어디에 숨어 있을지 모르는 파파라치의 위협 또한 법을 지키도록 유도하는 데 나름의 역할을 하고 있다.

그러나 감시 카메라의 뒷면 또한 그냥 지나쳐서는 안 된다. 감시 카메라는 사생활을 침해할 수 있다. 내 사생활은 오로지 나의 것이며, 다른 사람에게 알려야 할 의무도, 다른 사람이 알 권리도 없다. 허락 없이 다른 사람의 사생활을 엿보는 것은 인권을 침해하는 일이다. 누군가 자기를 쳐다보고 있다고 생각하면 마음대로 행동하기 어렵고 일에 몰두할 수 없다.

감시 카메라는 이처럼 동전의 양면과 같은 성격 때문에 늘 말이 많다. 범죄를 막으려면 감시 카메라를 설치하는 것이 좋지만, 그러다 보니 인권 문제와 정면으로 부딪친다.

최근 정부가 교도소 안에 감시 카메라를 설치해 재소자들의 생활을 감시하겠다고 하자, 시민단체에서 인권을 침해한다고 반대했다. 서울의 강남에서는 범죄자들을 잡기 위해 골목길에 감시 카메라를 설치하려다 구청과 주민들 사이에 싸움이 난 적도 있다. 도난이 잦은 찜질방에 카메라를 설치하는 것을 놓고도 말이 많았다. 학교에 감시 카메라를 두는 문제도 그렇다. 학교폭력이 위험한 수준까지 왔기 때문에 어쩔 수 없다는 의견과 학생들의 인권을 침해할 수도 있다는 의견이 날카롭게 대립하고 있다. 어떤 의견이 옳다 그르다고 말하기 어렵다.

결론적으로 감시 카메라의 설치는 각각의 사례를 잘 검토해서 범죄예방의 효과가 어느 정도인지, 사생활의 침해는 어느 정도인지, 얻는 것과 잃는 것의 크기를 잘 비교해 보고 판단해야 한다. 범죄가 많은 곳에는 카메라를 두는 게 낫다. 그렇지만 범죄예방 효과는 적으면서 사생활을 심하게 침해한다면 설치하지 말아야 한다.

⭐ 관련 인물

<u>니세포르 니엡스(1765~1833)</u> 카메라를 발명한 사람. 프랑스의 부유한 집안에서 태어난 그는 1816년부터 사진술을 연구하기 시작했고, 1826년 카메라를 발명해 최초의 사진을 찍었다. 이 사진은 텍사스 대학에 남아 있다. 1829년, 니엡스는 역시 사진술 발명자였던 다게르를 만나 사진 발명을 목적으로 하는 회사를 설립해 사진술을 발전시켰다.

1826년 니세포르 니엡스가 찍은 최초의 사진

⭐ 시사상식과 지식

<u>안기부 X파일</u> 국가정보기관인 안기부(국정원의 옛 이름)와 국정원 직원들이 음식점 등에 녹음기를 몰래 설치해 놓고 정치인 등의 대화를 몰래 녹음한 사건. 녹음 테이프가 발견돼 검찰이 수사를 벌여 안기부와 국정원 간부들이 조직적으로 도청을 해온 사실을 밝혀냈다.

⭐ 알아둬야 할 한자어

誘導 (꾈 유, 인도할 도) | 꾀어서 이끎.

侵害 (침노할 침, 해로울 해) | 불법적으로 남을 해침.

1. 누군가가 매일 나를 지켜보고 있다고 생각해 보자. 기분이 어떨까?

2. 감시 카메라 말고 사생활을 침해할 수 있는 것들은 어떤 게 있을지 알아보자.

3. 학교에 감시 카메라가 있다면 학교폭력이 줄어들지 생각해 보자.

05 학생들의 머리카락 길이는 똑같아야 하나?

고등학생들이 머리카락을 단속해서는 안 된다며 시위를 벌인 적이 있습니다. 학생과 인권단체 들은 환영하고 있지만, 교사와 교원단체 등은 학생 교육의 어려움을 내세우며 반대하고 있습니다. 이에 대한 자신의 생각을 찬성과 반대로 나누어 글로 써 봅시다.

☆ 글을 쓰기 전에 알아야 할 내용 ☆

- **인권이란 무엇인가?** | 인간으로서 당연히 가지는 기본적 권리를 말한다.
- **신체의 자유란 무엇인가?** | 국민의 기본적인 권리 중 하나. 신체 활동의 자유, 즉 사람이 법률에 의하지 아니하고는 신체적 구속을 받지 아니하는 자유를 말하며, 인신의 자유라고도 한다.
- **산업혁명이란 무엇인가?** | 18세기 중엽 영국에서 시작된 기술혁신과 이와 함께 일어난 사회·경제 구조의 변혁.

요점 학생들의 머리 모양이 자율화된 지 20년이 지났지만 최근에 다시 문제가 되고 있다. 머리를 마음대로 기르는 것은 신체의 자유와도 관계가 있다. 지나친 기준을 정해 놓고 학교에서 강제로 단속하는 것을 국가인권위는 인권 침해라고 하였다. 그러나 학생은 학생다워야 한다는 이유로 머리 모양을 계속 규제해야 한다는 의견도 있다.

☆ 머리 모양 자율화에 찬성한다

1970년대까지만 해도 중학생과 고등학생은 검은 교복을 입고, 머리 모양도 똑같이 하고 학교에 다녔다. 남학생들은 스님처럼 까까머리, 여학생들은 단발머리나 땋은 머리였다. 그러다가 1980년대에 들어서 학생의 옷과 머리카락을 군대식으로 통제하는 것은 일제시대의 잔재라고 해서 점차 자유스럽게 바뀌었다.

최근에 많은 학교에서 머리카락 모양을 자율화하는 것이 학생의 본분에 맞지 않는다면서 머리를 길게 기르지 못하게 하는 등 또다시 통제를 하고 있다. 학교의 이러한 통제에 대해 학생들은 못마땅하게 생각하고 받아들이려 하지 않는다.

몇몇 학교에서 학생들에게 머리카락을 자르라고 강요하자 학생들이 크게 반발한 일이 있었다. 비단 몇몇 학교만의 문제는 아니다. 정부 조사에 따르면 전체 중학교와 고등학교 가운데 93%가 두발 제한 규정을 두고 있으며 76개 학교에서 학생들의 머리카락을 강제로 자른 적이 있는 것으로 나타났다.

머리카락을 자유스럽게 하고 다닌다고 해서 반드시 공부를 게을리 한다는 법은 없다. 자유로운 차림새에서 더 창의적인 생각이 나올 수도 있다. 또한 다른 사람의 몸을 두고 어떻게 하라고 간섭하는 것은 그 사람의 자유를 빼앗는 것이다.

자유는 그만큼 소중한 인간의 기본 권리이다. 근대 이후에 산업혁명이 일어난 것도 그때부터 자유가 보장되었기 때문이라고 한다.

나이가 어리다고 선생님들이 마음대로 이래라 저래라 할 수 있는 것은 아니다. 미성년자에게도 인권이 있다. 따라서 다른 사람이 학생의 머리카락을 강제로 자르는 것은 인권을 침해하는 것이라고 할 수 있다. 학생이라면 무릇 머리카락을 통일되게 짧게 잘라야 한다는 생각은 우리가 버려야 할 군사문화의 일종이라는 데 많은 사람들이 동의한다. 그만큼 우리의 인권 의식은 커졌다. 그러므로 학생의 머리카락 길이는 정해 놓고 그것을 따르라고 강요할 문제는 아니라고 생각한다.

☆ 머리 모양 자율화에 반대한다

1970년대까지만 해도 중학생과 고등학생은 검은 교복을 입고, 머리 모양도 똑같이 하고 학교에 다녔다. 남학생들은 스님처럼 까까머리, 여학생들은 단발머리나 땋은 머리였다. 그러다가 1980년대에 들어서 학생의 옷과 머리카락을 군대식으로 통제하는 것은 일제시대의 잔재라고 해서 점차 자유스럽게 바뀌었다.

요즘에는 학생들의 머리카락 모양은 매우 자유분방해져서 학생인지 아닌지 구별하기 어려울 때가 있다. 머리카락이 귀를 덮을 만큼 기르면 멋있다고도 하겠지만 단정하지는 않다.

머리를 자율화하니 학생들이 외모에만 신경을 쓰고 공부를 멀리 하는 경향이 있다. 텔레비전에 나오는 연예인들의 머리 모양이나 패션을 무분별하게 흉내 내다 보면 학생 신분마저 잊어버리게 된다. 그러다 보면 나쁜 길로 빠질 수 있다.

또한 학생과 일반인의 구별이 어려워지고, 교육적으로 꼭 필요한 최소한의 통제조차도 어려운 경우가 많이 생긴다. 예를 들어 어른인지 구별하기 어려울 정도로 머리를 기르고 청소년들이 가서는 안 되는 유흥업소에 간다면 어떻게 할 것인가?

자유는 무한한 것은 아니다. 학교에서 정한 교칙이 있다면 따라야 한다. 조직의 규범을 지켜야 한다. 무엇보다 공부하는 학생은 학생다워야 한다. 연예인인지 학생인지 구별하기 어려울 정도로 머리를 기르거나 염색을 하는 것은 자제함이 옳다.

학생이라면 학교나 선생님의 의견에 귀를 기울여서 누가 강요하기 전에 스스로 몸가짐을 단정히 하는 것이 좋다. 아이는 아이답게, 어른은 어른답게, 학생은 학생다운 것이 가장 바람직할 테니까.

⭐ 관련 인물

최익현(1833~1906) 조선 후기의 애국지사. 1895년 조상 대대로 해오던 상투를 자르고 머리를 짧게 하라는 단발령을 반대하다 투옥되었다. 1905년 을사조약이 체결되자 항일의병운동을 벌였다. 그 뒤 전라북도 순창에서 약 400명의 의병을 이끌고 관군과 일본군에 대항하여 싸우다 붙잡혀 일본 쓰시마 섬에 유배됐다. 그 곳에서 적이 주는 음식물을 먹지 않겠다며 단식을 하다 굶어 죽었다.

최익현

⭐ 시사상식과 지식

교복, 두발 자율화의 역사 광복 이후 1980년대 초반까지 중·고등학생들은 교복을 입었다. 남학생은 검은색 상의와 바지, 여학생은 상의와 치마였다. 머리는 남학생은 스포츠형, 여학생은 단발머리였다. 전두환 정권 시절인 1982년부터 머리카락을 기를 수 있게 자율화됐고 이듬해에는 교복이 자율화됐다. 그러나 1990년대 이후 정부의 권장으로 대부분의 학교에서 교복이 다시 등장하게 되었다.

⭐ 알아둬야 할 한자어

強要 (강할 강, 중요할 요) | 강제로 요구함.

頭髮 (머리 두, 터럭 발) | 머리털을 말한다.

殘滓 (남을 잔, 찌끼 재) | 지난날의 낡은 생각이나 생활 방식.

統一 (큰 줄기 통, 한 일) | 나누어진 것들을 합쳐서 하나의 조직·체계 아래로 모이게 하는 것.

 더 생각해 보기

1. 군인들이 머리를 자유롭게 기른다면 어떻게 될지 생각해 보자.

2. 교복이 자율화되었다가 왜 다시 대부분의 학교에서 교복을 입게 됐는지 생각해 보자.

3. 우리 주변에 일제시대가 남긴 좋지 않은 것들은 어떤 게 있는지 알아보자.

06 사형제도는 꼭 있어야 할까?

우리나라 사람의 66%는 사형제 폐지에 찬성한다는 조사가 있었습니다. 그러나 연쇄살인 사건이 일어나자 사형이 필요하다는 주장이 강해지기도 했습니다. 그만큼 사형제도는 찬성과 반대 주장이 팽팽히 맞서고 있습니다. 사형제도에 대한 자신의 생각을 글로 써 봅시다.

★ 글을 쓰기 전에 알아야 할 내용 ★

- **인간의 존엄이란 무엇인가?** | 인간은 동물과 달리 스스로 결정하고 스스로 행동한다는, 인간의 절대적인 가치. 인간의 존엄을 위해서는 자유와 평등이 보장되어야 한다. 남녀, 연령, 국적, 종교, 피부색에 관계없이 모든 인간에 당연히 해당된다.
- **능지처참이란 무엇인가?** | 대역죄를 범한 자에게 과하던 극형으로 고통을 서서히 최대한으로 느끼면서 죽어가도록 하는 잔혹한 사형의 형태이다.
- **종신형이란 무엇인가?** | 죄수를 죽을 때까지 감금하는 형벌. 무기형과 비슷하다.

요점

사형은 죄인의 목숨을 빼앗는 형벌이다. 사람을 죽인 사람을 사형시키는 것은 죄에 맞는 합당한 처벌이라는 주장과 인간의 존엄성을 해치는 것이라는 주장이 맞서고 있다. 인간의 목숨은 고귀한 것이기 때문에 국가 권력으로 빼앗을 수 없다는 주장과 잔인한 범죄가 다시 발생하지 않도록 하려면 사형을 시켜서 경각심을 주어야 한다는 논리다.

☆ 사형제도는 있어야 한다

고대국가는 '이에는 이, 눈에는 눈'이라고 해서 사람을 죽인 사람은 사형을 시켰다. 예부터 우리나라에도 사형제도가 있었다. 가장 잘 알려진 경우가 조선시대 사육신인데, 이들은 사지를 찢어 죽이는 능지처참을 당했다. 옛날 사형에는 끓는 물에 집어넣거나 불에 태워 죽이는 등 온갖 잔인한 방법들이 있었다.

민주주의가 정착된 오늘날에도 많은 국가에 사형제도가 남아 있다. 우리나라에서도 광복 이후 1,600여 명이 사형을 당했다. 아직까지 사형제도가 남아 있는 것은 잔인한 범죄가 많이 발생하기 때문이다. 최근에도 20명이 넘는 사람들을 연쇄살인하거나 어린아이를 유괴하는 사건 등 범죄의 성질이 아주 나쁜 사건들이 심심치 않게 일어났다.

이렇게 흉악한 범죄가 다시 일어나지 않도록 하기 위해서는 사형제도가 꼭 필요하다. 흉악한 범죄를 저지르면 사형을 당할 수도 있다는 경각심을 심어주어야 한다. 죽음은 인간이 가장 두려워하는 것이다. 사형을 생각한다면 범죄를 저지르려 하다가도 마음을 고쳐먹을 수 있을지 모른다. 사형은 이렇게 범죄를 억제하는 효과를 가지고 있다. 싱가포르는 세계에서 사형을 가장 많이 시키는 나라이다. 실제로 싱가포르에서는 흉악범죄 발생률이 다른 나라보다 훨씬 낮다고 한다.

이런 이유에서 일부 나라에서는 사형제도를 폐지했다가 다시 부활시키고 있다. 1972년 사형제도를 폐지했던 미국도 흉악범죄가 크게 늘어나자 4년 만에 부활시켰다. 일본도 1993년부터 유보해왔던 사형집행을 다시 시작했다. 사형제도의 필요성을 인정한 것이다.

사람의 목숨은 귀중하지만 다른 사람의 생명을 무자비하게 빼앗은 범죄자의 생명까지 소중히 생각해 줄 필요가 없다. 인간의 생명은 존엄하다고 하는데 그 존엄한 생명을 빼앗은 살인범의 생명까지 존엄하지는 않다.

피해자의 억울함을 풀어주기 위해서도 사형제도는 있어야 한다. 형벌의 목적은 인과응보의 성격이 있다. 피해를 당한 만큼 피해를 준 사람에게 돌려줘야 한다는 논리이다.

흉악범을 사형시키지 않고 종신형을 선고해서 죽을 때까지 교도소에서 먹이고 입혀주는 것은 피해자뿐만 아니라 국민 전체의 입장에서 볼 때도 불합리하다. 차라리 그 돈으로 가난한 사람들을 도와주는 것이 낫다.

날로 흉악해지고 있는 범죄의 위협에서 선량한 사람들을 지키기 위해서 사형제도는 필요하다.

☆ 사형제도로는 범죄가 줄지 않는다

범죄를 저지른 사람에게는 그에 합당한 죄과를 치르도록 하는 것은 당연하다. 그래야만 사람들이 죄를 짓지 않으려고 할 것이다. 그러나 사람을 죽이는 형벌은 너무 야만적이다. 어떤 이유에서든 인간의 생명을 빼앗아서는 안 된다. 사람의 생명은 세상의 무엇보다도 존엄하다. 인간이 인간의 생명을 빼앗을 권리가 있을까? 그 사람이 설사 다른 사람을 죽인 사람이라고 하더라도 말이다.

러시아의 도스토예프스키는 28살 때 사형선고를 받았지만 극적으로 사형을 면하고 살아남아 위대한 문학 작품을 많이 남겼다.

사형이 범죄를 예방하는 효과는 생각만큼 크지 않다. 사형수의 대부분을 차지하는 살인범들은 사형을 받을 수도 있다는 판단을 할 새도 없이 순간적인 흥분 상태에서 사람을 해친다고 한다.

헨리 8세가 영국을 지배할 때 절도범들에게 교수형을 시켰는데, 교수형을 구경하려고 모인 군중들 사이에서 소매치기들이 날뛰었다고 한다. 이것만 봐도 사형이 범죄를 막지 못함을 단적으로 알 수 있다. 캐나다에서는 사형제도를 폐지하고 나서 살인범죄가 오히려 감소했다고 한다.

판결이 잘못된 경우는 어떻게 할까? 법관이 잘못된 판단을 내릴 수도 있고, 범죄의 증거가 판결 후에 나올 수도 있다. 누명이 밝혀진다 하더라도 죄수를 사형시킨 뒤에는 돌이킬 방법이 없다. 실제로 1973년 이후 미국에서는 107명의 사형수가 후에 새로운 증거가 발견돼 석방됐다. 2000년 1월 미국 일리노이 주는 사형집행을 보류하기로 했는데, 이는 1977년 이후 오심으로 13명의 사형이 잘못 집행된 사실이 드러났기 때문이었다.

"죄는 미워해도 사람은 미워하지 말라."는 말이 있다. 처음부터 악한 사람은 없고 죽을 죄를 지으려고 작정하는 사람은 없다. 흉악범이라도 사회로 다시 돌아와서 사람답게 살도록 잘 교화시키는 것이 필요하다.

★ 관련 인물

성삼문(1418~1456) 조선 전기의 문신이며 학자이다. 호는 매죽헌이고 최항, 박팽년, 신숙주 등과 함께 음운을 연구해 훈민정음을 창제하는 데 공을 세웠다. 세조가 단종을 몰아내고 왕위에 오르는 데 반대해 사형을 당했다. 세조에 의해 함께 죽임을 당한 박팽년, 하위지, 이개, 유성원, 유응부와 더불어 죽음으로 충절을 지켰다 하여 사육신으로 불린다.

성삼문 유허비

도스토예프스키(1821~1881) 톨스토이와 함께 19세기 러시아 문학을 대표하는 세계적인 문호. 모스크바에서 의사의 아들로 태어났다. 20세기의 사상과 문학에도 큰 영향을 미쳤다. 대표작으로 《죄와 벌》, 《카라마조프가의 형제들》 등이 있다.

도스토예프스키

★ 시사 상식과 지식

세계 각 국의 사형제도 세계 80개 나라에서는 이미 사형제도를 폐지했다. 15개 나라는 전쟁범죄를 제외하고는 사형이 없다. 23개 나라는 최근 10년 동안 사형을 집행하지 않아 사형을 폐지한 것과 마찬가지다. 사형제도가 있는 나라는 78개다. 미국에서는 주에 따라 있는 곳도 있고 없는 곳도 있다. 우리나라는 사형제도가 있지만, 1997년 12월 이후 사형을 선고할 뿐 집행을 하지 않고 있다.

단두대 18세기 말 프랑스 혁명 때 반대파들의 목을 잘라 사형을 시키던 처형기구. 프랑스어로는 '기요틴', 독일어로는 '길로틴'이라 부른다. 혁명 당시 루이 16세와 왕비 마리 앙투아네트 등 1만 7,000명이 단두대에서 사형을 당해 공포 정치의 상징물이 되었다.

⭐ 알아둬야 할 한자어

尊嚴 (높을 존, 엄할 엄) | 인물이나 지위 따위가 높아서 범할 수 없음.

凶惡犯 (흉할 흉, 악할 악, 범할 범) | 살인과 같은 몹시 나쁜 죄를 지은 범인.

敎化 (가르칠 교, 될 화) | 가르치고 이끌어서 좋은 방향으로 나아가게 함.

判決 (판가름할 판, 터질 결) | 법원이 변론을 거쳐 소송 사건에 대하여 판단하고 결정하는 재판.

⭐ 문장 만들어 보기

<u>존엄</u>   존엄한 왕실의 권위를 유지하다.

<u>흉악범</u>   어린이를 유괴·살해한 흉악범에게 사형선고가 내려졌다.

<u>교화</u>   불량소년의 교화를 위해 애쓰다.

<u>판결</u>   판사는 피고에게 벌금을 내라는 판결을 내렸다.

 더 생각해 보기

1. 사육신의 죽음을 살펴보고, 의로운 죽음에 대해 생각해 보자.

2. 범죄자들이 죄과를 치르고 사회에 돌아왔을 때 잘 살 수 있도록 도와줄 수 있는 방법에 대해 생각해 보자.

3. 사형을 대신할 수 있는 형벌에 대해 생각해 보자.

07 악법이라도 반드시 지켜야 할까?

국가보안법은 악법이기 때문에 폐지해야 한다는 주장이 한때 강하게 제기되었습니다. 그렇다면 악법도 법이라고 한 소크라테스의 말은 반드시 맞는 말일까요? 잘못된 법인 줄 알면서도 지켜야 하는지에 대해 자신의 생각을 글로 써 봅시다.

★ 글을 쓰기 전에 알아야 할 내용 ★

- **국가보안법이란 무엇인가?** | 국가의 안전을 위태롭게 하는 반국가 활동을 규제하도록 제정한 법률이다.
- **헌법이란 무엇인가?** | 국가의 통치조직과 통치작용의 기본원리 및 국민의 기본권을 보장하는 국가 최고의 법. 다른 법률이나 명령으로써 변경할 수 없는 한 국가의 최고 법규이다. 법 위의 법이다.
- **헌법재판소란 무엇인가?** | 법률이 헌법에 어긋나지 않는지 결정을 내리는 기관.

요점 국가는 법을 만든다. 법을 만들어 질서를 유지하고 국민들이 안심하고 살 수 있도록 보장하는 것은 국가의 존재 이유이다. 법을 지키지 않는 범죄자를 국가는 처벌한다. 그러나 법은 독재자들이 국민들을 꼼짝 못하게 하는 수단으로 잘못 사용되기도 한다. 법이 악법이라면 반드시 따르고 지킬 필요가 없다.

"악법도 법이다." 고대 그리스의 철학자 소크라테스가 한 말이다. 아무리 나쁜 법이라도 일단 만들어져서 존재하는 것이면 그것이 고쳐지거나 사라지지 않는 한 그대로 지키고 따라야 한다는 뜻이다.

법은 나라의 질서를 지키기 위해 국가가 만든 규칙과 같은 것이다. 학교에 학생들이 지켜야 할 교칙이 있듯이 한 국가에는 국민들이 지켜야 할 법이 있다.

법이 없으면 어떻게 될까? 힘센 사람이 주먹을 휘둘러 약한 사람의 돈을 빼앗아도 말릴 방법이 없다. 먼저 가겠다는 차들로 도로는 아수라장이 될 것이며, 세금을 내려는 사람도 없을 것이다. 한마디로 난장판이 되고, 약육강식의 동물 사회나 다름없을 것이다.

그런데 법에는 좋은 법도 있고 나쁜 법, 즉 악법도 있을 수 있다. '악법도 법'이니 지켜야 한다는 소크라테스의 말은 과연 옳을까?

고대부터 현대에 이르기까지 독재자들은 악법을 멋대로 만들어 국민들을 탄압했다. 로마시대 네로 황제와 같은 전제군주가 그랬고 현대에도 아시아나 남미 등 후진국에서는 국민들을 총칼로 억압하며 장기집권한 대통령들이 있었다. 힘없는 국민들은 대항하지 못하고 악법인 줄 알면서도 지켜야 했다. 악법이라도 따르지 않으면 감옥에 들어가거나 죽음을 당했기 때문이다. 물론 독재자에게 저항하는 투사들도 있기는 했지만 국민들의 힘을 모아서 대항하지는 못했다.

그러나 나쁘고 잘못된 법이 있다면 국민들이 힘을 합쳐 없애거나 고치도록 집권자와 정부에 압력을 넣거나 폐지를 요구해야 한다. 악법도 법이라고 인정하여 아무 말도 하지 못하고 그대로 따른다면, 독재자는 국민들을 계속해서 탄압하고 못살게 굴 것이다.

국민이 나라의 주인인 현대 민주사회에서는 누구나 악법을 폐기하거나 개정하도록 요구할 권리가 법적으로 보장되어 있다. 악법도 법이라는 말은 현대에는 통하지 않는다.

우선 헌법재판소라는 기관이 있어서 어떤 법이 국가 최고의 법인 헌법에 위배된다고 생각하면 헌법재판소에 제소할 수 있다.

이런 제도 말고도 국민들은 저항권을 행사할 수 있다. 누구나 합법적인 절차를 지키면서 집회를 열거나 시위를 벌여, 대통령이나 정부에 주장하는 바를 전달하거나 여론을 조성할 수 있다.

국민들이 폐지하자거나 개정하자는 요구가 거세게 일었던 대표적인 법률이 국가보안법이다. 과거 군인이 대통령이 되었던 군사정권 시절에도 국가보안법을 폐지하라는 요구가 있었지만 받아들여지지 않다가 몇 년 전부터 개정 작업이 진행 중이다.

준법정신은 민주시민의 중요한 덕목이다. 법을 잘 지켜야 나라가 안정된다. 그러나 악법은 마땅히 고쳐져야 한다. 악법이 있다면 고치고 없애는 데 정부와 국회가 함께 노력하고, 국민들은 입법 과정부터 철저하게 이를 감시해야 한다.

⭐ 관련 인물

<u>소크라테스(BC 469~BC 399)</u> 고대 그리스의 철학자. "너 자신을 알라."라는 말을 남겼다. 소크라테스는 직접 책을 쓰지 않았기 때문에 우리는 제자나 주변 사람들이 쓴 글을 통해서 그를 알 뿐이다. "악법도 법이다."라는 말을 다른 사람이 했다는 주장도 있다. 소크라테스는 그 말을 하지 않았다는 것이다.

소크라테스
그림〈아테네 학당〉에서

⭐ 시사상식과 지식

<u>위헌 심판</u> 법률에는 상위법과 하위법이 있다. 나라의 최고법은 헌법이며 그 아래 법률, 명령과 규칙, 조례 등이 순서대로 있다. 법률이 헌법에 위배된다고 생각하면 법원을 통해 헌법재판소에 위헌심판 제청을 할 수 있다. 헌법재판소는 헌법에 어긋나는 악법에 대해서는 위헌 결정을 내려 없앨 수 있는 권한이 있다.

⭐ 알아둬야 할 한자어

抵抗 (거스를 저, 막을 항) | 권력이나 권위 또는 낡은 도덕에 반항하는 것.

彈壓 (탄알 탄, 누를 압) | 지배 계급이 백성들을 강제로 억누름.

輿論 (수레 여, 논할 론) | 사회의 어떠한 현상이나 정치적 문제 등에 대하여 국민들이 나타내는 공통된 의견.

 더 생각해 보기

1. 우리나라에 악법이라 생각되는 법률이 있는지 조사 해 보자.

2. 소크라테스는 왜 고발되어 사형선고를 받았는지 알아보자.

3. 나는 얼마나 법을 잘 지켰는지 생각해 보자.

chapter 02
경제와 생활

경제는 우리의 일상생활과
많은 관련을 맺고 있다. 국민소득 2만 불 시대를
눈앞에 두고 있지만 아직도 우리 사회에는
가진 자와 못 가진 자 사이의 갈등이 끊이지 않는다.
부동산 문제, 농산물 시장개방 문제 등도 여전히
풀어나가야 하는 숙제이다.

08 가난에서 벗어나려면 어떻게 해야 할까?

가난을 못 이겨 범죄를 저지르거나 스스로 죽음을 택하는 우울한 소식을 신문에서 볼 수 있습니다. 주변에는 신용불량자도 많고 빈곤에 허덕이는 사람도 적지 않습니다. 빈곤에서 벗어나기 위해서 빈곤층 스스로, 또 정부가 할 일이 무엇인지 생각해 보고 글로 써 봅시다.

☆ 글을 쓰기 전에 알아야 할 내용 ☆

- **IMF 사태란 무엇인가?** | IMF 외환위기라고도 부른다. 우리나라는 경제상황이 나빠져 외화(달러) 부족이 심각한 상태에 이르면서 1997년 12월부터 IMF(국제통화기금)로부터 외화를 빌려 쓰게 되었다.
- **상대적 빈곤이란 무엇인가?** | 자신의 소득은 변함없는데 주변에 사는 다른 사람들이 이전보다 훨씬 더 잘 살게 될 때 거기에서 발생하는 갈등 관계를 '상대적 빈곤'이라고 한다.

요점 IMF 사태 이후 경제상의 어려움이 심해지면서 빈곤층이 늘고 있다. 많은 기업들이 부도가 나서 문을 닫았고 직장인들은 일자리를 잃었다. 빈곤의 원인으로는 노력 부족, 부모의 빈곤, 국가와 사회의 책임 등을 꼽을 수 있다. 정부는 빈곤층을 위한 복지 대책을 마련하고 일자리를 만들어 최소한의 생계를 유지할 수 있게 도와주어야 한다.

"일찍 일어나는 새가 벌레를 잡는다."라는 서양 속담이 있다. 부지런해야 부자가 된다는 뜻이다. 한국 사람은 세계에서 가장 부지런한 국민이라는 평가를 듣는다. 한국전쟁을 겪고 나서 한국은 폐허가 되었지만 국민들이 피땀 흘려 일한 덕분에 오늘날 잘 사는 나라라는 말을 듣게 되었다.

1970년대에 고도성장을 한 한국은 1980년대에 들어 눈부신 경제성장을 이룩한 타이완, 홍콩, 싱가포르와 함께 '아시아의 네 마리 용'에 꼽히기도 했다. 그러나 우리 국민들은 미처 선진국이 되기도 전에 큰 부자가 된 것처럼 돈을 흥청망청 쓰기 시작했다. 사치품을 사들이고, 과소비를 하고, 너도나도 해외 여행을 가는 등 분수에 맞지 않는 생활을 했다. 당시 이를 두고 외국 신문에서는 "한국이 샴페인을 너무 일찍 터뜨린다."며 조롱하기도 했다.

그 결과 많은 사람들이 직장을 잃고 쫓겨났다. 사업이 부도나는 바람에 하루아침에 알거지가 된 사람들도 있다. 빈곤층은 800만 명으로 늘어났고 신용불량자는 400만 명에 이르게 되었다. 곳곳에서 노숙자가 넘쳐나고 가난을 이기지 못해 일가족이 자살하는 비극적인 사건들도 자주 발생하고 있다. 가난은 우리나라만의 현상이 아니다. 세계 인구의 절반이 한 달에 6만 원 이하의 돈으로 생활하고 있다는 조사가 있다.

이렇듯 가난은 개인의 노력 부족뿐만 아니라 사회의 구조적인 문제에서도 오기 때문에 이 두 가지 모두를 극복하여야 한다. 이 두 가지가 해결되지 않으면 부와 빈곤은 대물림된다. 가난하게 태어나면 상속받은 재산도 없고 교육을 제대로 받지 못해 가난하게 살아가는 악순환이 되풀이된다. 반면, 가진 자들은 고등교육을 받고 부가가치가 높은 산업에 종사하면서 부를 독점하고 자식에게 부를 물려준다.

　가난 때문에 자살을 하는 비극적인 일만은 막아야 한다. 일을 할 수 있을 만큼의 교육을 받지 못한 이들, 일을 하고 싶어도 일자리가 없어 노는 이들을 위해서 국가가 나서야 한다. 빈곤층을 위해서 직업 교육을 하고 일자리를 만들어 내는 게 급한 일이다. 또 임대 아파트를 지어 주고 세금과 전기요금, 수도료 등을 감면해 주거나 먹고 살 만큼의 최소 생계비를 지원해 주어야 한다. 돈이 없어 공부를 하지 못하는 일이 없도록 교육의 기회를 평등하게 보장해 주기 위해서도 정부는 적극 노력해야 한다.

관련 인물

박정희(1917~1979) 18년 동안 장기 집권한 우리나라의 대통령. 전 국민적인 새마을운동, 경부고속도로 건설, 경제개발 5개년 계획 등으로 한국을 빈곤에서 벗어나게 했다는 평가와 함께 정치적으로는 10월 유신 등을 통해 국민들을 탄압했다는 비판을 받는다.

박정희

시사상식과 지식

기초생활 보장제도 노동 능력이 없어 돈을 벌지 못해 최소한의 생계도 꾸려 나가기 어려운 가난한 사람들에게 정부가 최저생활비를 지급하여 도와주는 제도.

신 빈곤층 원래는 빈곤층이 아니었지만 최근 계속된 경제난으로 직장을 잃거나 사업이 어려워져 빈곤층이 된 사람들을 말한다. 직업을 얻어 일을 하더라도 수입이 적어 생계를 근근이 꾸려가는 있는 실정이며, 최근 심각한 사회 문제가 되고 있다.

알아둬야 할 한자어

過消費 (지날 과, 사라질 소, 쓸 비) 씀씀이가 지나치게 헤픔.

不渡 (아닐 부, 건널 도) 지급해야 할 돈을 주지 못함.

惡循環 (악할 악, 좇을 순, 고리 환) 순환이 좋지 않음. 또는 나쁜 현상이 끊임없이 되풀이됨.

 더 생각해 보기

1. 우리나라와 같이 짧은 기간에 가난에서 벗어난 나라들의 사례를 찾아보자.

2. 가난에서 벗어나기 위한 방법이 어떤 것이 있는지 생각해 보자.

3. 노숙자나 신용불량자 문제를 어떻게 해결하면 좋은지 자료를 찾아보고 생각해 보자.

09 지적재산권 보호, 왜 필요할까?

길을 가다 보면 진품을 그대로 흉내 낸 가짜 상품을 파는 사람들을 쉽게 만날 수 있습니다. 복사판 DVD나 음반도 버젓이 팔립니다. 복제품이 판을 치면 진품이 팔리지 않기 때문에 진품을 만든 사람에게는 억울한 일입니다. 이에 대한 자신의 생각을 글로 써 봅시다.

☆ 글을 쓰기 전에 알아야 할 내용 ☆

- **저작권이란 무엇인가?** | 문학, 예술, 학술에 속하는 창작물에 대하여 저작자나 그 권리 승계인이 행사하는 권리.

- **지적재산권이란 무엇인가?** | 발명, 상표, 의장 등의 공업소유권과 문학, 음악, 미술 작품, 컴퓨터 소프트웨어 등에 관한 저작권.

- **해적판이란 무엇인가?** | 외국의 저자 및 출판사의 허가를 받지 않고 복제한 출판물이나 레코드. 해적의 약탈 행위와 같다는 뜻에서 이렇게 부르게 되었다.

요점 한때 외국 원서를 복사해서 대학생들이 공부하던 것이 당연시 되던 때가 있었다. 공들여 지은 책이 복제품 때문에 팔리지 않는다면 저자의 '지적 재산권'은 침해되고 출판사도 손해를 본다. 음반, 소프트웨어도 마찬가지이다. 그 외에도 명품 가방이나 시계를 비롯해 전자제품까지 짝퉁이 나돌아 진품 제조업체가 막대한 경제적 손실을 보고 있다.

얼마 전까지만 해도 많은 대학생들은 이른바 '해적판'으로 불리는 복사판 외국 원서를 아무런 죄의식 없이 읽으며 공부를 했다. 또 길거리에서는 외국이나 우리나라 유명한 가수들의 음악 테이프 복사판을 쉽게 살 수 있었다. 개봉도 하지 않은 외국영화를 허가 없이 옮겨 담은 DVD나 CD가 싼값에 버젓이 팔리는 것을 지금도 볼 수 있다.

음악이나 영화, 책, 컴퓨터 소프트웨어 등의 저작물들이 탄생하기까지는 이루 말할 수 없는 노력을 쏟아야 한다. 책 한 권 쓰는 데 몇 년이 넘게 걸리기도 하고 영화나 음악 작품을 만드는 데는 어마어마한 돈이 들기도 한다. 복제품은 이런 노력과 시간들을 모두 물거품으로 만든다. 진품 영화 DVD는 2만 원을 받아야 제작비를 벌 수 있는데 2,000원짜리 값싼 복제품이 있다면 진품을 누가 사겠는가.

최근 우리 음반업계에도 지적재산권을 둘러싼 논란이 일었다. 인터넷 음악 사이트에서 무료로 음악을 제공하는 바람에 음반이나 CD가 팔리지 않는다고 소송을 내서 결국 음반회사와 가수들이 이긴 일이 있다.

책이나 음반 등을 그대로 베낀 복제품이 아닌 진짜 상품을 흉내 낸 모조품을 말하는 이른바 '짝퉁'도 판을 치고 있다. 가방, 시계, 만년필, 휴대전화, 청바지, MP3, 담배, 의약품, 골프채, 심지어 자동차까지 짝퉁 상품이 나돌아 소비자들을 현혹하고 있다.

복제품이나 짝퉁이 범람하면 원작자나 기업은 큰 피해를 본다. 값싼 복제품이나 모방품이 나도는데 진짜가 팔릴 리가 없기 때문이다. 새 제품을 만들어 내놓기가 무섭게 베껴서 만든 해적판이 나도는 바람에 음반회사나 소프트웨어 회사들이 경영 위기를 겪기도 한다. 복제품은 그 나라의 신뢰를 떨어뜨린다. 우리나라도 중국과 더불어 복제품을 많이 만들어 파는 국가라는 오명을 쓰고 있다. 심지어 미국은 우리나라를 '가짜 감시 대상국'으로 지정하기까지 했다.

이렇듯 공들여 만든 지적저작물과 상품을 보호하기 위해 세계 각국은 전쟁을 치르고 있다. 국제기구를 만들고 법률을 제정해 지적재산권을 보호하고 복사판이나 모방 제품을 만드는 행위를 단속하고 있다. 프랑스와 이탈리아는 복제품이나 짝퉁을 사는 사람도 처벌하고 있다.

복제품이나 짝퉁을 만들어 파는 행위는 도둑질과 다름이 없다. 다른 사람의 지식을 훔치는 것이다. 다른 사람의 소유물에 손댈 수 없듯이 저작물을 베껴서 판매하는 행위 또한 엄하게 처벌해야 한다.

⭐ 관련인물

루이뷔통(1821~1892) 프랑스의 패션 디자이너. 1835년에 직사각형 모양의 뚜껑이 평평한 가방을 개발하여 크게 성공하였다. 당시 가방은 둥근 모양으로 쌓기가 힘들었으므로 수십 개의 가방을 가지고 여행을 다니던 귀족들에게 큰 인기를 얻었다. 루이뷔통의 가방은 지금도 세계적인 명품으로 통하고 명성만큼이나 짝퉁도 가장 많다.

루이뷔통 매장

⭐ 시사상식과 지식

벤치마킹 어느 특정 분야에서 한 기업 등의 조직이 다른 조직의 우수한 점을 분석하고 배우는 것. 모방과도 차이가 있고 짝퉁과는 근본적으로 다르다.

⭐ 알아둬야 할 한자어

氾濫 (넘칠 범, 넘칠 람)	넘쳐흐름. 바람직하지 못한 것들이 크게 나돎.
汚名 (더러울 오, 이름 명)	더러워진 명예나 평판.
眞品 (참 진, 물건 품)	진짜인 물품.
複製品 (겹칠 복, 지을 제, 물건 품)	그대로 본떠서 만든 물품.
模倣 (법 모, 본뜰 방)	다른 것을 본뜨거나 본받음.
眩惑 (어지러울 현, 미혹할 혹)	어지럽게 하여 홀리게 함.

1. 복제 음반 때문에 가수들이 어떤 피해를 보고 있는지 생각해 보자.

2. 명품을 좋아하는 사람들의 자기 과시욕이나 허영심에 대해 생각해 보자.

3. 복제와 모방의 차이점을 생각해 보자. 모방이 반드시 나쁘지만은 않은 점을 사례를 들어 살펴보자.

10 복권은 필요한 것일까?

로또 복권 열풍이 분 적이 있습니다. 어마어마한 당첨금 때문에 사람들이 판매소에 줄지어 서서 사는 모습을 쉽게 볼 수 있었습니다. 그러나 막상 당첨이 된 사람 중에 행복해진 사람은 많지 않다고 합니다. 왜 그런지 알아보고 복권에 대한 자신의 생각을 글로 써 봅시다.

☆ 글을 쓰기 전에 알아야 할 내용 ☆

- **확률이란 무엇인가?** | 일정한 조건 아래에서 어떤 사건이 일어날 가능성의 정도. 수학적으로는 1을 넘을 수 없고 음이 될 수도 없다. 확률 1은 항상 일어남을 의미하고, 확률 0은 절대로 일어나지 않음을 의미한다.
- **공공사업이란 무엇인가?** | 공공의 이익을 위한 사업이나, 국가나 지방 자치 단체가 공공의 경제적 목적을 위하여 벌이는 사업을 말한다.
- **빈부격차란 무엇인가?** | 가난한 사람과 부자 사이의 재산과 경제력 차이.

요점 복권은 적은 돈을 모아서 주택건축이나 문화사업 등 공공사업에 쓰기 위해 만들어졌다. 그러나 복권을 사는 사람들이 거액의 상금을 노린 '한탕주의'에 빠지게 되면 사회는 병들게 된다. 복권의 좋은 목적에도 불구하고 수많은 종류의 복권들이 발행되어 요행을 바라는 마음이 생기면서 적잖은 문제점이 드러나고 있다.

복권은 사람들이 조금씩 돈을 모아 일부는 복권을 산 사람 중에 추첨을 해서 나누어 주고, 상당 부분은 주택사업이나 문화사업 등 공공의 이익을 위해 쓰려고 만들어졌다. 하지만 이런 좋은 목적에도 불구하고, 실제로는 좋지 않은 점이 더 많다. 무엇이 나쁜 점일까?

복권의 기원은 2,000여 년 전 로마 아우구스투스 황제 시대로까지 거슬러 올라가며, 로마의 5대 황제 네로는 매일 추첨을 해서 직업, 땅, 노예, 선박 등을 나누어 주었다고 한다.

'로또 광풍'이라는 말이 자주 신문지상을 장식한 적이 있다. 광풍은 '미친 바람'이라는 뜻이다. 로또 복권이 처음 나왔을 때 수많은 사람들이 일확천금의 꿈을 좇아 로또 복권을 사기 위해 장사진을 치던 현상을 두고 언론에서 이름붙인 말이다.

로또 복권 1등에 당첨되면 어머어마한 돈을 당첨금으로 받는다. 그래서 사람들은 '대박'을 터뜨리려고 복권을 사게 된다. 당첨금 액수가 워낙 크기 때문에 사람들은 일해서 돈을 모으기보다는 당첨되기만을 기다리며 복권을 산다.

또한 복권은 도박이나 마약처럼 중독성이 있다. 한 번 사면 자꾸 사게 된다. 이번에 안 되었으니 다음번에는 되겠지 하는 기대심리가 생기기 때문이다. 사실 순전히 우연과 운에 달린 문제이다. 일부 사람들은 노력을 하는 대신 적은 돈을 들여 많은 돈을 벌 수 있을 것이라는 헛된 기대에 부풀어 없는 살림에 빚까지 내어가며 복권을 사기도 한다.

그리고 냉정히 생각해 보면, 복권은 가난한 사람이 가난한 사람에게 돈을 주는 꼴이다. 당첨금은 복권 판매금 중에서 지급되는데, 복권을 사는 사람들은 대부분 서민들이기 때문이다. 부자들이 돈을 써야 빈부격차도 좁혀지고 돈도 돌게 되는데, 가난한 사람들끼리 주거니 받거니 해서는 부의 분배가 제대로 되지 않는다.

그렇다고 복권에 당첨돼 거금을 손에 쥔 사람들은 그때부터 행복한 인생을 살게 될까? 미국에서는 거액의 복권에 당첨된 사람들의 인생을 조사해 보았더니 대부분 당첨되기 전보다 더 불행해져 있었다고 한다. 땀 흘려 벌지 않은 돈이라 쉽게 흥청망청 써버린 탓이다.

그렇다면 복권을 왜 없애지 않는 것일까? 복권이 주는 좋은 점이 있기 때문이다. 복권은 원래 수익금을 좋은 일에 이롭게 쓸 목적으로 만들어진 것이다. 예를 들어 주택복권을 판매해 얻는 수익금은 집 없는 사람들에게 집을 지어 줄 주택건설에 사용한다. 무조건 세금을 많이 걷을 수도 없고, 세금만으로는 나라의 살림을 할 수 없어, 세금이 아닌 돈으로 공공사업을 벌일 때, 복권의 수익금은 아주 쓸모가 있다.

복권에는 이렇듯 좋은 점과 나쁜 점이 같이 있다. 일확천금을 얻겠다는 마음을 버리고 즐기는 기분으로 조금씩 산다면 복권의 장점은 충분히 발휘될 수 있을 것이다.

⭐ 관련 인물

아우구스투스(BC 63~AD 14) 고대 로마의 초대 황제로 본명은 가이우스 옥타비아누스. 아우구스투스 황제는 로마를 복구하기 위한 자금을 마련하려고 연회에서 복권을 팔고 당첨 대가로 노예, 집, 배 등을 주었다는 기록이 있다. 서민 출신이지만 카이사르의 인척으로 카이사르가 암살된 뒤 황제가 되었다.

아우구스투스

⭐ 시사상식과 지식

복권의 종류 현재 우리나라에서 발행되는 복권에는 크게 즉석식 복권과 추첨식 복권이 있다. 추첨식 복권에는 로또를 비롯한 주택복권(국민은행 발행), 더블복권(한국과학문화재단 발행), 스포츠복권(국민체육진흥공단 발행), 플러스플러스복권(한국보훈복지공단 발행) 등이 있고, 즉석식 복권에는 기술복권과 체육복권을 비롯한 다수의 복권이 있다.

⭐ 알아둬야 할 한자어

僥倖 (요행 요행)	가능성 없는 어려운 일이 우연히 잘 됨.
一攫千金 (한 일, 움킬 확, 일천 천, 쇠 금)	한꺼번에 많은 돈을 얻음. 노력함이 없이 벼락부자가 됨.
當籤金 (당할 당, 제비 첨, 쇠 금)	추첨에서 뽑혔을 때에 당첨자가 받게 되는 돈.
福券 (복 복, 문서 권)	번호나 그림 따위의 특정 표시를 기입한 표. 추첨 따위를 통하여 일치하는 표에 대해서 상금이나 상품을 준다.

더 생각해 보기

1. 복권에 당첨된 많은 사람들이 왜 행복해지지 않았을까 생각해 보자.

2. 사행심을 조장하는 것들이 복권 외에 어떤 것이 있는지 알아보고 왜 나쁜지 생각해 보자.

3. 복권에 당첨되어서 얻은 돈과 땀 흘려 번 돈의 차이와 의미를 생각해 보자.

석유 값은 왜 오를까?

국제유가가 오른다는 뉴스를 자주 보게 됩니다. 석유가 나지 않아 산유국에서 사들여야 하는 우리나라로서는 가슴이 뜨끔한 소식입니다. 우리나라의 현실과 세계를 비교하여 석유를 절약하는 방법에 대해 자신의 생각을 글로 써 봅시다.

☆ 글을 쓰기 전에 알아야 할 내용 ☆

- **수요란 무엇인가?** | 어떤 재화나 용역을 일정한 가격으로 사려고 하는 욕구.
- **공급이란 무엇인가?** | 요구나 필요에 따라 물품 따위를 제공함.
- **수요와 공급의 법칙이란 무엇인가?** | 수요와 공급이 일치하는 점에서 가격이 결정된다는 법칙.
- **오름세란 무엇인가?** | 물가나 시세 따위가 오르는 형세.

요점 석유자원은 한정되어 있는데 세계 경제의 팽창으로 석유 수요가 늘어나 석유의 가격이 한없이 치솟고 있다. 우리나라는 석유가 한 방울도 나지 않으면서도 에너지 소비량은 세계 10위권 안에 든다. 석유 값이 오르면 제품을 생산하는 데 원가가 많이 들고 운송비도 더 소요된다. 고유가 시대를 돌파하기 위해서는 석유를 대체할 확실한 에너지가 개발될 때까지 최대한 아껴 쓰는 수밖에 도리가 없다.

석유가 없으면 인간의 삶의 질은 급격히 떨어진다. 자동차가 다니지 못해 교통대란이 일어나고, 발전소를 가동하지 못해 전기 공급이 끊긴다. 겨울에는 보일러를 돌리지 못해 추위에 떨게 된다. 석유는 이처럼 인간의 삶에 아주 중요한 역할을 한다.

기름 값이 오르는 가장 큰 이유는 뭘까? 간단하다. 써야 할 곳은 많은데 공급은 줄어들고 있기 때문이다. 팔려는 사람(공급)은 적고 사려는 사람(수요)이 많으면 값이 오른다는 것은 기본적인 경제의 원리이다. 석유도 마찬가지다. 세계 경제가 팽창하면서 수요는 엄청나게 늘고 있다. 특히 경제가 빠르게 성장하고 있는 중국은 석유 소비량이 엄청나게 늘었다.

또한 석유가 무제한 생겨나는 물질이 아니라는 것도 가격 오름세에 한 몫하고 있다. 지금 추세대로 간다면, 앞으로 40년 정도밖에 쓸 수 없다. 한정된 자원에 새로운 유전은 발견되지 않고, 원래 있던 유전은 점점 고갈되어 가는 게 현실이다. 생산은 늘어나지 않고 소비는 늘어나니 원유 가격이 오를 수밖에 없는 것이다.

우리나라는 세계 어느 나라보다도 석유 가격에 민감할 수밖에 없다. 우리나라는 원유와 석탄 등 에너지의 97%를 수입에 의존한다. 원유 수입만으로 보면 세계에서 4위이다.

소비하는 에너지의 대부분을 수입해 쓰는 실정에서, 버는 돈이 모두 외국으로 빠져나가니 우리나라 경제는 주름살이 질 수밖에 없다. 그러니 국민들이 모두 합심해서 에너지 소비를 줄일 수 있는 방법을 찾아 실천해야 한다.

쉽게 실천할 수 있는 방법은 무엇일까?

우선 자동차는 꼭 필요할 때만 타고 다니고, 그 외에는 대중교통을 이용한다. 겨울에는 내복을 입고 실내 온도를 3도만 낮추면 난방비를 1조 5,000억 원쯤 절약할 수 있다고 한다. 사람이 없는 방에 불을 환히 켜놓지 말고, 여름에는 에어컨보다는 선풍기를 사용하도록 한다. 컴퓨터를 껐다 켜기에 어중간한 시간이면 모니터만이라도 꺼두는 것과 같은 작은 것부터 실행에 옮겨 보자.

무엇이든지 마음껏 쓸 수 있을 때에는 그 고마움을 모른다. 물이나 공기 같은 것들이 좋은 예이다. 물이나 공기가 없으면 사람이 살 수 없듯이 에너지도 마찬가지다. 에너지가 없다면 이 세상이 어떻게 될지 생각만 해도 끔찍하다. 전기나 석유는 그래서 평소에 아껴 써야 한다.

관련 인물

록펠러(1839~1937) 미국의 실업가로 석유왕으로 불린다. 1863년 클리블랜드에 정유소를 설립했다. 오하이오 스탠더드 석유회사를 만든 뒤 1882년에는 미국 정유소의 95%를 지배하는 스탠더드 오일 트러스트를 조직했다. 시카고 대학을 설립하는 데 4억 달러 넘게 기부했다.

록펠러

시사 상식과 지식

석유수출국기구(OPEC) 1960년 9월, 원유 가격이 내리는 것을 방지하기 위해 5대 석유 생산·수출국 대표가 모여 결성한 협의체. 석유 이권의 국유화, 자원보호, 각종 석유산업으로의 진출을 시도하고 있다. 현재 회원국은 11개국이다.

대체에너지 고갈되어 가는 석유를 대신할 에너지를 말한다. 우라늄을 원료로 하는 원자력 발전, 바람을 이용하는 풍력 발전, 조수간만의 차를 활용하는 조력 발전, 태양 에너지 등이 있다. 최근에는 수소를 에너지원으로 활용하는 방안에 대한 연구가 활발하다.

알아둬야 할 한자어

枯渇 마를 고 목마를 갈	돈이나 자원 같은 것이 다하여 없어짐.	
膨脹 부풀 팽 부를 창	발전하여 번져 퍼짐.	
石油 돌 석 기름 유	땅속에서 천연으로 나는, 가연성 기름. 원유를 증류하여 휘발유, 등유, 경유 따위를 얻는다.	
消費 사라질 소 쓸 비	돈이나 물자, 시간, 노력 따위를 들이거나 써서 없앰.	

1. 석유를 사용하기 전에 에너지 자원으로 사용했던 것들을 알아보자.

2. 석유소비량이 엄청나게 늘고 있고 '세계의 공장'으로 불리며 비약적으로 발전하고 있는 중국 경제에 대해 알아보자.

3. 석유를 대체할 수 있는 에너지로 어떠한 것들이 있는지 생각해 보자.

12 대형 마트는 반드시 좋기만 할까?

대형 마트들이 아파트촌마다 우후죽순처럼 들어서고 있습니다. 그로 인해 동네에 있는 작은 슈퍼마켓이나 구멍가게들은 장사가 안 된다고 합니다. 사람들이 값도 싸고, 편리한 대형 마트로 장을 보러 가기 때문입니다. 이 문제에 대한 자신의 생각을 글로 써봅시다.

☆ 글을 쓰기 전에 알아야 할 내용 ☆

- **박리다매란 무엇인가?** | 이익을 적게 보고 많이 파는 것.
- **중소기업이란 무엇인가?** | 자본금, 종업원 수, 총자산, 자기 자본 및 매출액 따위의 규모가 대기업에 비하여 상대적으로 작은 기업.
- **대기업이란 무엇인가?** | 자본금이나 종업원 수 따위의 규모가 큰 기업.
- **소비자란 무엇인가?** | 상품과 서비스를 사서 쓰는 사람.
- **이윤이란 무엇인가?** | 장사 따위를 하여 남은 돈. 기업의 총수입에서 임대, 지대, 이자, 감가상각비 따위를 빼고 남는 순이익.

요점 대형 마트의 최대 장점은 물건을 싸게 파는 것이다. 소비자에게 그보다 더 좋은 것은 없다. 실제로 할인 마트는 물가안정에 기여하는 것으로 알려져 있다. 그러나 그 이면을 무시해서는 안 된다. 대형 마트 때문에 작은 가게들이 망할 수 있다는 사실이다.

대형 마트에 가면 사람들이 적어도 한 주 동안 먹고 쓸 것을 사는 것을 볼 수 있다. 큰 마트에서는 물건 값이 싸기 때문에 소비자들은 자동차를 타고 가서라도 한꺼번에 많이 사려는 것이다.

대형 마트는 생산공장에서 한꺼번에 많은 물건들을 구입한다. 훨씬 싼 값에 물건을 사 올 수 있기 때문이다. 대형 마트들은 싸게 구입한 제품에 이윤도 적게 붙인다. 물건에 붙어 있는 소매가격보다 값이 싼 경우도 많다. 그래도 엄청나게 많이 팔기 때문에 이윤이 남는다. 한마디로 박리다매 방식이다.

대형 마트에 가는 이유는 값이 싸기 때문만은 아니다. 현대식으로 지어진 크고 깨끗한 건물에, 식당이나 극장 같은 시설이 있어서 물건을 사고 나서도 갈 곳이 많아 시간을 보내기 좋을 뿐만 아니라, 다른 일을 하기에도 편리하다. 공구점, 문구점을 따로따로 갈 필요가 없다. 한 곳에서 모두 해결이 되기 때문이다. 게다가 주차하기도 쉽다.

싼값에 물건을 살 수 있어서 소비자에게는 좋지만 대형 마트 때문에 생계를 위협받는 사람들이 있다. 바로 작은 가게를 운영하는 자영업자들이다. 동네의 작은 슈퍼마켓이나 재래시장은 대형 마트처럼 물건을 한꺼번에 많이 사들이지 못하기 때문에 싸게 팔 수가 없다. 시설도 매우 낡았고 상품도 다양하지 못하다. 도무지 경쟁이 안 되는 것이다.

대형 마트는 대기업에서 운영한다. 엄청난 자본으로 전국 여러 곳에 이름이 같은 대형 마트를 운영하며 큰 돈을 벌고 있다. 대기업은 그 돈으로 다시 다른 곳에 마트를 지어 시장을 독차지하다시피 한다. 대기업이 시장을 독점하면 중소기업은 물건을 팔 곳이 없어 망하게 된다. 결국은 우리 경제에 악영향을 미치는 것이다.

그래서 정부에서는 대기업, 즉 재벌이 시장을 독점하지 못하도록 규제를 한다. 정부가 할인점의 영업시간을 단축하도록 하고 재래시장을 현대식으로 재건축해 영세상인들을 보호하고 장사를 잘할 수 있도록 지원해 주는 정책이 그것이다.

바쁜 현대인들에게 값싼 제품을 편리하게 살 수 있는 대형 마트는 꼭 필요하다. 그러나 이런 대형 마트가 많이 생기면 생길수록 작은 가게를 운영하는 사람들은 설 자리가 없어진다. 소수자, 약자를 생각하는 기업 정신과 국가의 정책이 필요할 때이다.

세상에는 강자도 있고 약자도 있다. 사람은 누구나 평등하게 태어났기 때문에 약자를 짓밟고 강자들만이 부귀를 독차지할 수는 없다. 시장도 마찬가지이다. 대형 마트가 계속 확장하도록 버려두는 것이 옳은 일인지는 다시 생각해 봐야 한다.

⭐ 관련 인물

마이클 컬렌 1930년 미국 뉴욕 시 롱아일랜드의 거리에 세계 최초의 슈퍼마켓을 연 사람이다. 점원이 없이 손님이 물건을 고르는 슈퍼마켓은 유통 혁명을 불렀다. 식품뿐 아니라 자동차용품, 생활용품까지 파는 슈퍼마켓들이 미국 전역에 생기자 작은 식료품 가게는 3분의 1이 문을 닫았다.

최초의 슈퍼마켓

⭐ 시사상식과 지식

가격파괴 제조업자가 바라는 소비자 가격보다 더 낮은 가격에 파는 초저가 판매. 최근의 가격파괴는 중국 등에서 값싼 물품이 들어오고 유통업체들이 생산업자로부터 직접 물건을 대량으로 구입해 이윤을 줄여 팔기 때문에 생긴 현상이다.

⭐ 알아둬야 할 한자어

雨後竹筍
비 뒤 대 죽순
우 후 죽 순

비가 온 뒤에 솟는 죽순이라는 뜻으로, 어떤 일이 일시에 많이 일어남을 이르는 말.

惡影響
악할 그림자 울릴
악 영 향

나쁜 영향.

獨占
홀로 차지할
독 점

한 기업이 혼자 시장을 지배하는 일.

1. 대형 마트와 구멍가게의 물건 값이 얼마나 차이가 나는지 조사해 보고, 왜 그런지 알아보자.

2. 대형 마트와 구멍가게의 관계에서 왜 중소기업을 보호해야 하는지도 생각해 보자.

3. 우리나라의 재벌에 대해 알아보자.

13 농산물 개방, 어떻게 대처해야 할까?

쌀 개방에 반대하는 농민들이 대규모 시위를 벌입니다. 바나나와 오렌지 같은 외국 과일들도 매우 흔한 세상이 되었습니다. 쌀을 비롯한 외국의 농산물이 물밀듯이 들어오고 있습니다. 세계 무역의 흐름이라는 농산물 수입개방에 대한 자신의 생각을 글로 써 봅시다.

☆ 글을 쓰기 전에 알아야 할 내용 ☆

- **유기농이란 무엇인가?** │ 화학 비료, 유기 합성 농약(농약, 생장조절제, 제초제)이나 가축 사료 첨가제 등의 합성 화학 물질을 사용하지 않고 유기물과 자연광석, 미생물 등 자연적인 재료만을 사용하는 농법을 말한다.
- **자유무역이란 무엇인가?** │ 국가가 무역에 아무런 간섭이나 보호를 하지 않고 관세도 매기지 않으며 각 개인의 자유에 맡기는 무역 제도.

요점 세계 각국은 공산품은 물론 농산물까지 자유롭게 거래하는 방향으로 나아가고 있다. 수입이 금지되던 외국 쌀이 우리 식탁에 오르는 것도 시간 문제이다. 값싼 외국산 농산물이 들어오면 그만큼 우리 농산물이 팔리지 않아 농민들이 피해를 보게 된다. 이제는 농산물도 품질을 높여 경쟁에서 이겨야 한다.

85

쌀 개방에 반대하는 시위를 하다 농민이 사망하는 사건이 발생했다. 농민들은 쌀 수입이 개방되는 것을 막기 위해 목숨을 걸고 있다. 그런데도 국회는 외국 쌀을 수입하는 데 동의했다. 왜 이런 일이 일어나는 것일까?

옛날 사람들은 물물교환을 해서 필요한 물건을 구했다. 오늘날 세계 각국은 무역을 해서 부족한 것을 사들이고 남은 물건을 판다. 우리나라는 주로 농산물을 수입하고, 공산품을 수출한다. 수입개방은 자기 나라에 풍부한 물건을 팔고 부족한 것은 외국에서 사들여서 서로 이득을 보자는 데 그 목적이 있다.

그러나 농산물 수입이 자유화되면 농민들의 부담과 피해가 커진다. 우리 쌀값은 외국 쌀보다 4배나 비싸다. 값싼 외국 쌀이 들어오면 팔리지 않을 것이다. 바나나 오렌지 같은 외국 과일도 국내산보다 훨씬 싸기 때문에 과일 재배농가들이 타격을 받는다. 농민들은 쌀이 완전 개방되면 쌀값이 하락해 농가 전체의 소득이 15조 원에서 9조 원으로 감소할 것이라고 주장한다. 농민의 75%가 쌀농사를 짓고 있어 쌀 수입이 개방되면 대부분의 농가에서는 소득이 줄어든다. 지금도 농민들의 생활은 어렵다. 농가의 빚은 한 가구당 2,600만 원을 웃돌고 있고, 갚을 엄두조차 내지 못하는 농가도 많다.

식량이 무기라는 말이 있다. 식량은 공기와 같아서 없으면 단 하루도 살 수 없을 만큼 소중하다. 생산량이 조금이라도 줄어들면 가격은 급등한다. 1972년 곡물 생산이 3% 감소하자 가격이 세 배까지 뛴 일이 있다. 이런 점들을 악용해서 식량 수출국들은 수입국을 위협해 원하는 바를 얻어내는 일이 실제로 있다. 예를 들어 식량 수출국이 수입국에 식량을 줄 테니 다른 상품과 함께 수입하라고 한다면 울며 겨자 먹기로 그렇게 할 수밖에 없다. 농민들은 쌀 개방이 되면 우리나라 농민들이 쌀농사를 더 이상 짓지 않게 되어 우리나라가 식량의 위협을 받을 수도 있다고 말한다.

지구촌 시대로 불리며 국경이 무너지고 있는 지금, 세계의 흐름을 거역하기는 쉽지 않다. 그렇기 때문에 더욱 시대를 읽고 대응해야만 한다. 우리 농업을 지키려면 농산물의 품질을 높이는 방법밖에 없다. 공산품도 우리 제품의 질이 좋으면 굳이 외국산을 쓰지 않는다. 농산물도 마찬가지다. 맛있고 깨끗하며 건강에도 좋은 새로운 품종을 개발해서 외국산 농산물과 경쟁해서 이겨야 한다. 최근에 유기농법으로 생산한 채소와 몸에 좋은 성분이 들어 있는 색깔 있는 쌀이 비싼데도 불구하고 잘 팔리는 것이 좋은 예가 될 것이다.

일본도 쌀 개방을 했지만 외국 쌀이 발을 붙이지 못하고 있다. 오히려 수출을 하고 있다고 한다. 품종을 개량해 밥맛이 좋은 쌀을 개발했기 때문이다. 우리 정부와 농민들도 서로 손을 맞잡고 좋은 쌀을 개발하고 생산하는 데 힘을 기울여야 한다.

⭐ 관련 인물

우장춘(1898~1959) 농학자로 도쿄제국대학에서 농학 박사 학위를 받았다. 1950년에 한국으로 와 중앙원예기술원 회원이 되었다. 채소와 꽃, 벼의 품종개량에 힘을 쏟으면서 씨 없는 수박 외에도 다른 품종도 많이 만들어냈다. '강원도 감자', '제주도 귤', '한국 배추' 등이 우장춘 박사가 개발해 낸 신종 작물이다.

우장춘 기념관

⭐ 시사 상식과 지식

쌀 개방 쌀을 자유롭게 수입할 수 있도록 허용하는 것. 1995년부터는 농산물도 공산품과 같이 자유무역을 할 수 있게 됐다. 즉, 어떤 나라도 쌀 수입을 제한할 수 없게 되었으며, 우리나라도 쌀 수입량을 차츰 늘려오고 있다.

WTO(세계무역기구) 무역을 하다 다툼이 생겼을 때 조정해 주는 국제기구. 150여 개국이 가입되어 있고, 본부는 스위스 제네바이다.

FTA(자유무역협정) 두 개 이상의 국가가 무역 장벽, 즉 관세를 없애거나 낮추어 무역을 자유롭게 하자고 맺는 협정.

⭐ 알아둬야 할 한자어

開放 금하거나 경계하던 것을 풀고 자유롭게 드나들거나 교류하게 함.
열 개 놓을 방

對應 어떤 일이나 사태에 맞추어 태도나 행동을 취함.
대답할 대 응할 응

開發 토지나 천연자원 따위를 개척하여 유용하게 만듦. 또는 지식이나 재능 따위를 발달하게 함.
열 개 쏠 발

1. 자유무역과 보호무역의 차이점을 알아보자.

2. 우리나라 농산물의 경쟁력을 높이기 위해서 할 일이 무엇이 있는지 생각해 보자.

3. 농민들이 왜 많은 빚을 지고 있는지 생각해 보자.

14. 집값은 왜 안정되어야만 할까?

집값이 뛰고 있다는 기사가 자주 신문에 등장하고 있습니다. 정부에서 대책을 마련하여 내놓았지만 그리 효력은 없는 듯합니다. 그러다 보니 집 없는 사람들에게 내 집 마련이란 너무 먼 듯이 보입니다. 이러한 상황을 보면서 집값에 대한 자신의 생각을 글로 써봅시다.

☆ 글을 쓰기 전에 알아야 할 내용 ☆

- **부동산이란 무엇인가?** | 움직여 옮길 수 없는 재산. 토지나 건물, 나무 따위이다.
- **투기란 무엇인가?** | 상품이나 부동산을 쌀 때 사서 비쌀 때 팔아 차익을 얻으려 하는 행위.
- **불로소득이란 무엇인가?** | 직접 일을 하지 아니하고 얻는 수익. 이자, 배당금, 지대(地代) 따위를 통틀어 이른다.
- **졸부란 무엇인가?** | 갑자기 큰 돈을 벌어서 부자가 된 사람. 벼락부자.

요점 부동산을 가지고 있던 사람들이 갑자기 부자가 되면서 빈부격차가 커지고 부동산 투기를 노리는 사람들이 늘어난다. 일하지 않고 부동산을 사고팔아 돈을 벌려고 하기 때문이다. 모두 다 일을 하지 않고 불로소득만 노린다면 국가 경제에도 좋지 않은 영향을 준다.

서울 강남에서는 몇 년 사이 아파트 값이 몇 배나 올랐다. 20억 원이 넘는 아파트들도 즐비하다. 집값이 오르자 정부는 집값을 잡겠다며 또 대책을 내놓았다. 그런데 정부에서는 집값이 올라가는 것을 왜 막으려 하는 걸까?

집값이 오르면 결코 나라 경제에 도움이 되지 않는다. 우선 빈부격차가 심해진다. 집값이 계속 올라가면 집이 없는 사람들, 가난한 사람들은 집을 갖기가 어려워진다. 많은 사람들의 내 집 마련의 꿈이 점점 멀어지는 것이다. 집값이 올라가면 집을 여러 채 갖고 있는 사람들은 점점 부자가 되고, 집을 가지지 못한 사람들은 집세 부담이 점점 늘어난다. 결국 집값이 올라간다는 것은 빈부의 격차가 더욱 벌어진다는 뜻이 된다.

빈부격차가 커지면 서로의 다른 입장 때문에 정책을 다룰 때도, 이해관계가 생길 때도 합의를 보기 어렵다. 이렇듯 가진 자와 가지지 못한 자로 국민들이 나뉘어 사사건건 맞서 다투고 서로 불만을 갖고 질투하고 시기한다면 나라 전체가 불안정해진다.

뿐만 아니다. 집값이 급등해 돈을 쉽게 벌 수 있으면 일할 마음이 생기지 않을 것이다. 2억 원짜리 집이 1년 만에 3억 원짜리가 되었다고 하자. 집을 사 놓기만 하면 1년 만에 1억 원을 버는데, 누가 일을 열심히 하려고 할까. 사람들은 남의 돈을 빌려서라도 집을 사 두려고 할 것이다. 집값의 급격한 상승은 일하려는 의욕을 꺾어놓기에 충분하다.

집값이 계속 오르면 집을 사고팔아 이익을 얻으려는 사람들, 즉 부동산 투기꾼들이 설치게 된다. 가정주부들이 투기 행위에 나서기도 한다. 1980년대 말 집값이 엄청나게 치솟았던 적이 있다. 이때 투기에 열을 올리는 여성을 일컫는 '복부인'이라는 말이 유행하기도 했다. 당시 부동산 가격이 급등해 벼락부자가 된 사람들을 가리키는 '강남 졸부'라는 말도 생겼다.

정부는 투기를 막기 위해 갖가지 방법을 내놓는다. 정부가 가장 먼저 하는 일은 집을 사고팔아 생긴 이익에 세금을 많이 매기는 것이다. 그리고 투기지역을 지정해서 그 안에서는 마음대로 집이나 부동산을 사고팔지 못하게 한다. 하지만 이 또한 원하는 효과를 거두기가 쉽지 않다. 정부는 2005년에 '8·31 부동산 대책'을 내놓았지만 강남의 집값은 떨어지지 않고 있다. 그럴 때마다 정부는 더 강력한 수단을 써서 집값을 잡으려 한다.

갑자기 오른 집값은 떨어질 때도 급하게 떨어지게 마련이다. 집값에서 '거품'이 빠지는 것은 바람직하지만, 급격하게 집값이 떨어지는 것 역시 경제에 나쁜 영향을 준다. 돈이 급격하게 왔다 갔다 하면서 경제의 안정성을 해치기 때문이다. 그러므로 누구나 땀 흘려 돈을 모으면 언젠가는 집을 장만할 수 있는 선에서 집값이 안정돼야 한다.

관련 인물

도널드 트럼프(1946~) 미국의 부동산 억만장자. 와튼 스쿨을 졸업하자마자 부동산 개발 사업에 뛰어들었다. 그는 부동산 투기가 아니라 재개발로 40대에 이미 재산이 수십억 달러가 넘는 갑부가 됐다. 호텔과 아파트 등을 사들여 전체 또는 부분을 개조한 뒤에 임대하는 방식이었다.

도널드 트럼프

시사상식과 지식

보유세와 양도세 부동산 가격이 크게 올라가면 세금을 높게 물려 진정시키는 정책을 쓴다. 보유세는 집을 갖고 있는 것만으로도 세금을 내도록 하는 정책이다. 양도세는 집을 사고팔아 이득을 얻을 때 일정한 부분을 세금으로 납부하게 하는 제도이다. 집값이 비싸면 비쌀수록 보유세와 양도세가 늘어나기 때문에 집값이 떨어지는 효과가 있다.

양극화 위와 아래만 늘어나고 중간은 비는 현상을 말한다. 양극화는 여러 분야에서 볼 수 있다. 빈부격차가 큰 것도 양극화로 볼 수 있는데, 부자들은 더욱 부자가 되고, 가난한 사람은 점점 더 가난해져 두 계층 사이에 격차가 점점 더 벌어지는 현상이다.

⭐ 알아둬야 할 한자어

櫛比 (빗 즐, 견줄 비) | 많은 것이 빗살과 같이 빽빽하게 늘어섬.

利害關係 (이할 이, 해할 해, 관계할 관, 맬 계) | 서로 이득과 손해가 걸려 있는 관계.

急騰 (급할 급, 오를 등) | 물가나 시세 따위가 갑자기 오름.

事事件件 (일 사, 일 사, 사건 건, 사건 건) | 해당되는 모든 일 또는 온갖 사건.

安定 (편안할 안, 정할 정) | 바뀌어 달라지지 아니하고 일정한 상태를 유지함.

⭐ 문장 만들어 보기

즐비 지금 그곳은 고층 아파트들이 즐비하게 들어섰다.

이해관계 여러 가지 경제적인 이해관계가 얽혀 있다.

급등 원유 가격 급등에 따라 기름값이 오를 전망이다.

사사건건 동생은 사사건건 말썽이다.

안정 사회의 안정을 유지하다.

 더 생각해 보기

1. 부동산 거품이라는 말의 뜻을 알아보자.

2. 일을 하지 않고 돈을 버는 불로소득에는 어떤 것이 있는지 알아보자.

3. 집이 없는 사람이 집을 마련할 수 있도록 정부가 도와줄 수 있는 방법이 무엇인지 생각해 보자.

chapter 03

정치와 세계

우리나라는 안으로 남과 북으로 갈라져 있고,
밖으로는 미국, 일본, 중국, 러시아 등
강대국들에게 둘러싸여 있다.
그렇기 때문에 세계의 흐름을 올바르게 알고
현명하게 대처해 나가야만 한다.

 # 왜 전쟁에 반대할까?

이라크에서 전쟁이 일어나 미군과 이라크 사람이 수없이 죽거나 다쳤습니다. 인간은 살아오면서 끊임없이 전쟁을 해왔습니다. 전쟁이 나쁘다는 것을 알면서도 지금까지도 전쟁을 하고 있습니다. 전쟁에 대한 자신의 생각을 글로 써 봅시다.

★ 글을 쓰기 전에 알아야 할 내용 ★

- **고엽제란 무엇인가?** | 식물의 잎을 떨어뜨리는 약제. 특히 베트남 전쟁 때에 미국이 밀림에 뿌린 제초제를 가리킨다.

- **나치란 무엇인가?** | 히틀러를 당수로 한 독일의 파시스트당. 독일민족 지상주의와 강력한 국가주의를 내세웠으나 제2차 세계대전의 패전과 함께 몰락함.

- **기간산업이란 무엇인가?** | 한 나라 산업의 기초가 되는 산업. 주로 중요 생산재를 생산하는 산업을 이르는데 전력, 철강, 가스, 석유 산업 따위가 있다.

요점 이 세상에서 가장 비참한 것은 전쟁이다. 전쟁은 모든 것을 파괴한다. 모든 사람들이 전쟁을 싫어하지만, 그래도 전쟁은 일어난다. 국가의 이익을 달성하기 위해 전쟁마저도 마다하지 않기 때문이다. 현대전에서는 원자폭탄과 같은 대량살상무기가 사용되어 인류를 멸망시킬 수도 있기 때문에 전쟁은 더욱 억제되어야 한다.

트로이 전쟁, 임진왜란, 걸프 전쟁……. 인간이 무리를 지어 살기 시작한 뒤부터 동서양을 막론하고 수많은 전쟁이 벌어졌다. 전쟁은 대부분 다른 나라의 땅이나 자원을 차지하려는 침략야욕이나 종교분쟁 때문에 일어난다. 20세기에도 세계 대부분의 국가들이 전쟁에 휘말린 세계대전이 두 번이나 벌어졌다.

대부분의 사람들이 전쟁을 반대하는 이유는 무엇보다 엄청난 피해가 생기기 때문이다. 전쟁이 일어나면 군인들은 총칼을 들고 서로 잔인하게 죽이고 다치게 한다. 한국전쟁 때 사망하거나 실종된 사람은 모두 250만 명을 넘는다고 한다. 많은 아이들이 부모를 잃고 고아가 됐고, 행방불명된 사람도 많다. 북한으로 끌려가 아직 돌아오지 못한 국군포로도 1만 9,000명이나 된다.

격렬한 전쟁에서는 항상 대학살이 따랐다. 제2차 세계대전 때 독일의 히틀러는 독가스로 유태인 600만 명을 죽였다. 캄보디아는 1975년에 크메르 루주가 내전 끝에 집권한 뒤 수십만 명을 살해해 '킬링필드'라고 불리기도 했다.

전쟁이 끝났다고 해서 상처가 아무는 것은 아니다. 물질적·정신적 상처는 전쟁 때보다 더 심각하다. 사람들은 상대방에 대한 불신 등 정신적인 후유증이나 신체적인 장애로 고통을 겪는다. 베트남 전에 참전했던 국군들은 전쟁이 끝난 지 수십 년이 지난 지금에도 고엽제의 후유증으로 말할 수 없는 고통을 겪고 있다.

전쟁은 인간만 죽이는 것이 아니라 모든 것을 파괴한다. 국가의 중요 기간산업은 물론이고 학교와 병원, 집 등이 파괴되며 이를 복구하는 데 드는 비용도 엄청나다. 이렇게 참혹한 피해가 따르는 전쟁은 무조건 일어나지 않아야 한다.

최근에 일어난 이라크 전쟁을 보자. 전쟁을 주장하는 사람은 세계의 평화를 위해 독재를 물리치고 위협 요인들을 제거하기 위해서라고 한다. 의도는 이해할 수 있지만 방법은 틀렸다. 전쟁이 아닌 다른 방법을 찾아야 한다. 어떤 전쟁이든 전쟁은 죄가 없는 사람들의 희생을 요구하기 때문이다.

핵무기를 사용하는 큰 전쟁이 일어나면 세계가 멸망할지도 모르는 일이다. 나라 사이에 문제가 생겼을 때 전쟁은 피하고 최대한 협상과 대화를 통해 갈등을 풀어야 한다.

관련 인물

오사마 빈 라덴(1957~) 사우디아라비아의 큰 건설업체인 '빈 라덴 그룹' 소유주의 아들로 태어났다. 1979년 소련군이 아프가니스탄을 침공하자 알카에다라는 테러 지원조직을 결성하고 미국을 상대로 끊임없이 테러를 하고 있다. 9·11 테러도 그가 지시한 것으로 알려진다.

오사마 빈 라덴

시사상식과 지식

이라크 전쟁 2003년 3월 미국과 영국이 이라크를 상대로 벌인 전쟁. 2001년 9·11 테러 사건이 일어난 뒤 미국은 북한, 이라크 등을 '악의 축'으로 규정했다. 그 뒤 이라크의 대량살상무기를 제거한다는 명분을 내세워 전쟁을 개시했다.

9·11 테러 2001년 9월 11일 오전, 미국 워싱턴의 주요 건물이 항공기와 폭탄을 동원한 테러 공격을 받은 사건. 이 테러로 세계무역센터 건물이 완전히 무너졌다. 국방부 청사(펜타곤)와 국회의사당을 비롯한 주요 관청 건물도 공격을 받아 파손됐다.

⭐ 알아둬야 할 한자어

失踪 (잃을 실, 자취 종) | 행방이나 생사를 알 수 없게 됨.

野慾 (들 야, 욕심 욕) | 야심을 채우려는 욕심.

後遺症 (뒤 후, 남길 유, 증세 증) | 병을 앓고 난 뒤에도 남아 있는 병적 증세.

犧牲 (희생 희, 희생 생) | 다른 사람이나 어떤 목적을 위하여 자신의 목숨, 재산, 명예, 이익 따위를 바치거나 버림. 또는 그것을 빼앗김.

慘酷 (참혹할 참, 독할 혹) | 비참하고 끔찍함. 지나칠 정도로 한심함.

⭐ 문장 만들어 보기

<u>실종</u> 어린아이들이 실종되는 사건은 종종 있다.

<u>야욕</u> 대륙 침략의 야욕을 품다.

<u>후유증</u> 그는 과로의 후유증으로 감기 몸살을 앓고 있다.

<u>희생</u> 국가나 집단을 위해 개인을 희생하기란 쉬운 일이 아니다.

<u>참혹</u> 참혹한 피난 살림살이.

1. 친구 사이에 분쟁이 생겼을 때 해결해 왔던 방법을 다시 한 번 생각해 보자.

2. 2001년 9월 11일 미국에서 일어났던 9·11테러에 대해 알아보자.

3. 한국군의 이라크 파병에 찬성하거나 반대하는 이유와 자신의 생각을 정리해 보자.

16 북한을 도와야 하는 이유는 뭘까?

주민들이 굶주리고 있는 현실에도 불구하고, 북한은 핵무기 개발 등 세계를 긴장시키는 행동을 하고 있습니다. 그래서 북한을 도와줄 필요가 없다는 주장과 인도주의적인 차원에서 도와야 한다는 주장도 있는데 이에 대한 자신의 생각을 글로 써 봅시다.

★ 글을 쓰기 전에 알아야 할 내용 ★

- **사회주의란 무엇인가?** | 사유재산 제도를 폐지하고 공동으로 생산하고 분배하여 자본주의 제도의 사회, 경제적 한계를 극복하려는 사상. 공산주의, 무정부주의, 사회민주주의 따위를 포함하는 넓은 개념이다.
- **인도주의란 무엇인가?** | 인간의 존엄성을 최고의 가치로 여기고 인종, 민족, 국가, 종교 따위의 차이를 뛰어넘어 인류의 안녕과 복지를 꾀하는 것을 이상으로 하는 사상이나 태도.

요점 사회주의 국가인 북한은 심각한 경제난을 겪고 있다. 특히 식량난은 매우 심각해서 어린이들이 굶어 죽기도 한다. 북한은 우리와 전쟁을 치렀고 아직도 휴전선을 사이에 두고 대치하고 있다. 그러나 우리는 동포들이 살고 있는 북한을 인도주의적인 면에서 도와주어야 한다. 인류애, 동포애는 국경과 이념을 뛰어넘는 소중한 가치이기 때문이다.

'꽃제비'라는 말이 있다. 힘든 삶에서 벗어나기 위해 북한에서 탈출해 나왔지만, 먹고 잘 곳이 없어 떼 지어 떠돌아다니며 구걸을 하는 북한 청소년들을 이르는 말이다. 땅에 떨어진 음식을 주워 먹는 등 꽃제비들의 처참한 모습이 TV에 보도되면서 이들을 도와야 한다는 여론이 일었다.

산이 많아 농사지을 땅이 부족한 북한은 잦은 홍수와 비료 부족으로 식량 생산이 갈수록 줄고 있다. 현재 북한 주민 한 사람에게 배급되는 식량은 250g으로 필요한 양의 절반에도 못 미친다고 한다. 이 때문에 당 간부가 아닌 보통 북한 주민들은 쌀이 모자라 강냉이 죽이나 칡뿌리로 연명하고 있다. 이나마 먹을 수 있는 사람은 다행이고 굶어 죽는 사람도 적지 않다.

심각한 것은 식량 문제뿐만이 아니다. 북한의 경제는 거의 무너질 지경에 이르렀다. 북한의 1인당 국민소득은 1,000달러 이하로 남한의 15분의 1에 불과하다. 신발이나 양말이 없어 한겨울에도 맨발로 지낼 정도이다. 연료 부족은 식량난보다 더 어려운 상황이다.

이런 북한의 실정이 알려지면서 세계 여러 나라가 북한을 돕겠다고 발 벗고 나섰다. 남한 역시 북한에 식량과 비료 등 여러 가지 물건들을 보내주고 있다. 얼마 전에는 전기를 보내주기로 약속했다.

어떤 나라가 지진이나 태풍과 같은 엄청난 재난을 당했을 때, 세계 각국은 식료품과 의료품을 지원한다. 인도네시아에 쓰나미가 덮쳤을 때 우리나라도 구호품과 구호금을 보냈다. 미국 같은 부자 나라가 태풍으로 큰 피해를 보았을 때도 많은 나라들이 도와주었다. 도움을 주는 나라가 아주 잘 살거나 돈이 남아돌아서가 아니다. 도움을 받는 나라와 관계가 좋으나 나쁘냐를 따지지도 않는다. 지구 상에 함께 사는 인간으로서 어려움을 함께 나누고 서로의 지팡이가 되어 주어야 한다는 인류애가 있기 때문에 도와주는 것이다.

북한도 마찬가지이다. 북한이 비록 우리를 포함해 자유주의 국가들의 적이라 하더라도 굶주린 주민들에게 도움을 주어야 한다. 우리가 북한을 도와줌으로써 남북의 긴장관계가 조금은 좋아질 것을 기대할 수도 있다. 북한이 우리에게 나쁜 감정을 갖고 있더라도, "웃는 얼굴에 침 뱉으랴." 하는 말처럼 우리 쪽에서 먼저 손을 내밀면 꽉 닫아놓은 문을 열어젖힐지도 모른다. 게다가 북한은 우리와 한 핏줄, 우리의 동포이다.

굶고 있는 사람에게 먹을 것을 주는 것은 정치와는 상관이 없다. 아무리 악독한 사람이라도 굶어 죽을 처지에 놓여 있다면 먹을 것을 주는 것이 옳다. 어느 나라 사람이기 이전에, 사람은 사람 대우를 받을 권리가 있기 때문이다. 눈을 좀 더 크게 떠야 한다.

⭐ 관련 인물

김정일(1942~) 북한의 1인자로 당 총비서, 군 최고사령관, 국방위원장을 겸하고 있다. 사망한 김일성의 장남으로 태어났으며 김일성 종합대학 정치경제학과를 졸업했다. 자립적 민족경제 노선을 추구하고 있지만 사회주의의 한계로 북한의 경제는 심각한 상황에 빠졌다.

김정일

⭐ 시사상식과 지식

햇볕정책 남북한의 긴장관계를 완화하고 화해와 포용의 자세로 교류와 협력을 증대하기 위해 펼친 정책. 김대중 전 대통령은 북한이 개혁과 개방의 길로 나올 수 있도록 강경정책에서 햇볕정책으로 바꿨다. 이때 이루어진 북한과의 교류협력사업이 비료 제공, 금강산관광 개발사업 등이다. '햇볕정책'이란 말은 김 전 대통령이 1998년 4월 영국 런던대학에서 한 연설에서 처음 사용했다. 나그네의 외투를 벗게 만드는 것은 강한 바람(강경정책)이 아니라, 따뜻한 햇볕(유화정책)이라는 이솝 우화에서 인용한 말이다.

⭐ 알아둬야 할 한자어

支援 (지탱할 지, 도울 원)	뒷받침해서 도움.
延命 (끌 연, 목숨 명)	목숨을 이어감.
颱風 (태풍 태, 바람 풍)	북태평양 남서부에서 발생하여 아시아 대륙 동부로 불어오는, 폭풍우를 수반한 강한 열대 저기압.
同胞 (한가지 동, 친형제 포)	한 부모에게서 태어난 형제자매. 같은 나라 또는 같은 민족의 사람을 다정하게 이르는 말.

 더 생각해 보기

1. 나그네의 옷을 벗기기 위해서 바람과 태양이 내기를 했던 이솝 우화를 다시 한 번 읽어보고 의미를 생각해 보자.

2. 북한의 경제가 얼마나 어려운지 알아보자.

3. 남한과 북한이 어떤 경제협력을 하고 있는지 알아보자.

17 문익점은 산업 스파이일까?

고려시대 문익점은 원나라에 가서 몰래 목화씨를 붓두껍에 숨겨와 우리나라의 의류문화를 발전시키는 데 큰 공을 세웠습니다. 요즘이라면 산업 스파이라 할 수 있을까요? 국익과 산업 스파이에 대한 자신의 생각을 글로 써 봅시다.

☆ 글을 쓰기 전에 알아야 할 내용 ☆

- **산업 스파이란 무엇인가?** | 경쟁하는 상대 기업이 가진 경영이나 기술, 생산, 판매 따위에 관한 정보를 알아내기 위하여 쓰는 사람. 또는 그런 정보를 관계 기업에 파는 일을 직업으로 하는 사람.
- **붓두껍이란 무엇인가?** | 붓촉에 끼워 두는 뚜껑. 대나 얇은 쇠붙이로 만든다.
- **자기중심적이란 무엇인가?** | 남의 일보다 자기의 일을 먼저 생각하고 더 중요하게 여기는 것. 자기 기준으로 생각하는 것.

요점 국익을 위해서라면 법을 어기거나 거짓말을 해도 용서될 수 있을까? 문익점의 목화 씨도 그런 문제들을 생각하게 한다. 임진왜란 때 일본은 조선의 도자기공들을 강제로 일본으로 데려가 일본에서도 도자기를 만들기 시작했다. 문익점도 그런 면에서 다시 한번 생각해 보자.

6세기에 서양의 수도사들이 중국에 갔다가 돌아가는 길에 뽕나무 씨와 누에를 지팡이에 숨겨가 동로마제국 황제에게 바쳤다고 한다. 8세기에는 아랍인들이 당나라와 싸워 이긴 뒤 중국의 제지공들을 강제로 데려가 종이 만드는 법을 서양으로 전파했다. 이렇게 해서 서양 사람들은 생활에 긴요한 비단과 종이를 손에 넣게 됐다. 18세기 말 조선통신사 조엄은 일본에서 고구마를 들여와 굶주린 백성들의 기아 문제를 해결하기도 했다.

비슷한 '공적'을 남긴 사람이 고려 말 원나라에서 목화 씨를 들여온 문익점이다. 땔감도 넉넉하지 않은 데다 마땅한 옷감이 없어 삼베옷만 입고 지내던 사람들이 얼어 죽기도 하던 시절, 문익점이 큰 일을 해낸 것이다. 문익점은 나라 밖으로 목화 씨가 빠져나가지 못하도록 철통 수비를 하고 있던 원나라의 감시를 피하기 위해 붓두껍을 이용했다. 목화 씨 몇 알이 붓두껍 속에 들어 있을 줄은 원나라 사람들은 꿈에도 몰랐을 것이다. 고려로서는 문익점이 백성들의 은인이며 애국자이다.

하지만 중국 입장에서는 문익점에 대한 평가가 우리와는 사뭇 다를 수 있다. 당시 원나라에서 보면 문익점은 도둑이나 마찬가지이다. 문익점이 목화 씨를 들여와 고려에서 직접 면화를 재배한 뒤로 중국은 고려에 면화를 팔지 못했다. 그만큼 손해를 본 것이다. 현대의 개념으로 본다면, 문익점은 도둑보다는 산업 스파이에 더 가깝다. 산업 스파이란 기술을 빼돌리는 간첩이라 할 수 있다. 그러니까 면화를 우리나라에 몰래 들여온 문익점은 한국 최초의 산업 스파이라고 할 수 있다.

산업 스파이는 두 나라 혹은 두 회사 이상을 오가면서 중요한 기술이나 물건을 빼돌린다. 이런 사람은 어느 나라에서나 엄하게 처벌을 받는다. 공정한 경쟁이나 정당한 노력 없이 손쉬운 방법으로 이득을 얻고, 시장을 어지럽힌 죄 때문이다.

600여 년 전, 문익점이 목화를 중국에서 몰래 들여왔지만 오늘날 우리나라는 정반대로 중국으로 기술이 유출돼 국가적인 손실을 보고 있다. 재물에 눈이 먼 연구원이나 직원 들이 핵심적인 기술을 빼내서 돈을 받고 넘겨주고 있는 것이다. 지난 3년 동안 우리나라가 기술 유출로 본 손실이 자그마치 47조 원이나 된다고 한다.

같은 일이라도 입장에 따라 다르게 볼 수 있다. 문익점은 분명히 우리나라를 위해서는 좋은 일을 했다. 그러나 자기중심적으로만 봐서는 안 된다. 어떤 면에서는 문익점이나 요즘 한국에서 중국으로 기술 빼가는 범법자들이나 다를 바가 없다.

외국 축구 선수가 반칙을 하면 나쁘고 한국 선수가 하면 괜찮다는 생각은 잘못이다. 이기는 것도 좋지만 정당하게 이겨야 한다.

🌟 관련 인물

조엄(1719~1777) 조선 후기의 문신. 1752년 문과에 급제했다. 동래부사를 거쳐 충청도 암행어사가 됐다. 1763년, 일본에서 고구마 종자를 가지고 와서 동래, 제주도에서 최초로 고구마 재배에 성공했다.

채륜(50~121) 중국 후한의 관리. 물에 불린 나무껍질과 헝겊 등을 이용해 종이를 만들어 낼 방법을 생각했다. 종이는 화약, 나침반, 인쇄술과 함께 중국의 4대 발명품이다.

한지를 만드는 틀

🌟 시사상식과 지식

목화의 역사 원산지는 인도. 인도에서는 서기전 1800년부터 목화를 사용했다고 한다. 중국에는 서기전 600년경에 전파되었으며 한국에는 고려 말 1363년 문익점에 의해 들어왔다. 이를 키워 낸 사람은 문익점의 장인 정천익이었다. 정천익의 아들 문래가 실을 뽑는 법을 발명하였고, 손자 문영이 면포를 짜는 법을 고안해 냈다.

🌟 알아둬야 할 한자어

恩人 (은혜 은, 사람 인)	자신에게 은혜를 베푼 사람.
愛國者 (사랑 애, 나라 국, 놈 자)	자기 나라를 사랑하는 사람.
傳播 (전할 전, 뿌릴 파)	전하여 널리 퍼뜨림.
緊要 (긴할 긴, 중요할 요)	꼭 필요함. 매우 중요함.
流出 (흐를 유, 날 출)	액체가 밖으로 흘러나가는 것. 중요한 것이 나라나 조직 밖으로 나가 버리는 것.

 더 생각해 보기

1. 문익점과 목화 씨에 관한 일화를 알아보자.

2. 국가의 이익이 앞서는 일과 국가의 이익을 위해서라도 어겨서는 안 되는 일에는 어떤 것이 있는지 생각해 보자.

3. 산업 스파이 때문에 우리 경제가 어떤 피해를 보는지 생각해 보자.

18 왜 역사를 왜곡하려는 것일까?

중국이 고구려를 고대 중국에 속했던 나라라고 우기고 있습니다. 일본도 왜곡된 역사 교과서로 학생들을 가르쳐 비난을 받고 있습니다. 자기 나라의 이익을 위해 움직일 수 없는 과거를 바꾸려는 것입니다. 이에 대한 자신의 생각을 글로 써 봅시다.

★ 글을 쓰기 전에 알아야 할 내용 ★

- **조선왕조실록이란 무엇인가?** | 조선 태조 때부터 철종 때까지 25대 472년 동안의 역사적 사실을 기록한 글.
- **제국주의란 무엇인가?** | 우월한 군사력과 경제력으로 다른 나라나 민족을 정벌하여 대국가를 건설하려는 침략주의적 경향.
- **영유권이란 무엇인가?** | 영토나 바다를 어느 국가가 자기 것으로 차지하여 가지는 권리.

요점 역사는 변조할 수 없는 사실이다. 그런데도 우리나라의 주변국들은 얼토당토않은 주장과 망언을 일삼고 있다. 옛날에는 땅을 차지하기 위해 총칼을 들고 전쟁을 했지만 역사 왜곡은 총칼을 들지 않은, 소리 없는 전쟁이다. 정부는 외교적으로 강력하게 대응해야 하고 학자들은 정확하고 객관적인 사료와 증거를 토대로 맞서야 한다.

중국이 고조선의 문화를 중국 것이라고 주장하고 고구려의 고분 앞에 고구려가 고대 중국의 한 나라였다는 안내판을 버젓이 세워 놓고 역사를 왜곡하고 있다. 중국뿐만이 아니다. 일본도 걸핏하면 독도가 일본 땅이다, 일본군 위안부는 없었다는 등의 망언을 하고 있다.

역사를 왜곡하는 것은 우리의 할아버지를 다른 사람으로 바꾸는 것과 마찬가지다. 고구려는 우리 역사인 삼국시대의 한 국가였고 고구려 사람들은 한족이 아니라 한민족이다. 광개토대왕은 우리말로 만주 땅을 호령하던 왕이었다. 오히려 우리가 지금은 중국에 속해 있는, 옛 고구려 땅인 만주를 되찾아야 한다.

독도 역시 분명히 우리 땅이다. 〈조선왕조실록〉에도 독도가 우리 땅이라고 기록되어 있다. 일본의 역사 왜곡은 거기서 그치지 않는다. 한국과 중국을 침략했던 과거를 숨기거나 왜곡한 교과서를 만들어 학생들에게 가르치고 있다.

중국이나 일본이 역사를 왜곡하는 것은 더 많은 영토와 바다를 차지하기 위해서이다. 중국은 조선족들이 많이 모여 사는 만주 땅이 옛날 고조선이나 고구려 땅이라는 사실 때문에 마음이 편치 않을 것이다. 조선족들이 독립을 요구할지도 모르고 미래에 한국과 영토 분쟁이 일어날지도 모른다. 이런 일들이 일어나지 말라는 법은 없다. 그래서 고구려가 자기들의 역사인양 꾸미고 우기는 것이다. 일본이 독도를 자기 땅이라고 망발을 하는 것은 지하자원과 수산자원이 많은 독도 주변 바다의 영유권과도 관계가 있다. 일본은 독도 말고도 러시아, 중국과도 섬의 영유권 문제를 둘러싸고 분쟁을 벌이고 있다.

일본이 제국주의의 악랄한 역사를 감추려는 것은 그 과거가 잘못임을 잘 알기 때문이다. 하지만 부끄러운 과거는 감춘다고 감추어지는 것이 아니다. 미래의 발전을 위해서 역사는 있는 그대로 밝혀야 한다. 잘못된 과거가 있다면 반성하고 잘못을 되풀이해서는 안 되기 때문이다. 일본이 침략과 탄압, 만행으로 얼룩진 역사를 미화하고 포장하고 왜곡하는 것은 그래서 절대 막아야 한다.

이들 나라와 비교되는 나라가 바로 독일이다. 제2차 세계대전을 일으킨 독일은 역사를 속이거나 왜곡하지 않는다. 히틀러가 독일 국민의 눈과 귀를 가린 채 다른 나라를 침략했던 과오를 깨끗이 시인하고 여러 나라들에 피해와 상처를 입힌 것에 대해 용서를 구했다.

잘못을 인정하건 인정하지 않건 역사는 이들의 행위를 알고 있다. 역사는 바꾸려 한다고 바꾸어지는 게 아니다. 움직일 수 없는 사실이다. 남아 있는 문헌이나 그림, 사진, 그리고 사람들이 역사를 증명하고 있다.

이웃 나라들의 역사 왜곡에 대응하는 데 있어서 가장 중요한 것은 국력을 기르는 일이다. 또 이들의 주장이 틀렸다는 것을 보여주는 자료들을 수집하여, 중국과 일본의 억지를 다른 나라에도 적극적으로 알려야 한다. 객관적인 시각만이 억지를 바로잡을 수 있기 때문이다.

중국과 일본은 우리와 경제적인 교류가 많은 이웃사촌 우방국이다. 서로 욕하고 비방하면 감정만 더 나빠진다. 우호관계가 역사 왜곡으로 인해 깨어지면 우리에게는 더욱 큰 손해가 될 수 있다. 흥분만 해서는 역사를 바로 잡을 수 없다. 정부는 왜곡된 역사를 바로잡기 위해 외교적인 노력을 기울여야 하고 학자들은 연구를 통해 역사적 진실을 밝혀야 한다.

⭐ 관련 인물

광개토대왕(374~413) 고구려 제19대 왕. 생존해 있을 때는 영락대왕으로 불렸다. 고구려의 영토와 세력권을 크게 확장하여 죽은 뒤 국강상광개토경평안호태왕(國岡上廣開土境平安好太王)이라는 시호를 얻었다. 연, 후연, 백제, 신라 등을 쳐서 서쪽으로 요하, 북으로 개원~영안, 동쪽으로 훈춘, 남쪽으로 임진강 유역까지 땅을 넓혔다. 장수왕이 414년에 세운 광개토대왕릉비에 업적이 기록되어 있다.

광개토대왕릉비

⭐ 시사상식과 지식

간도 문제 백두산 북쪽 옛 만주 땅. 간도는 고조선, 고구려, 발해를 거쳐 우리가 지배한 기간이 3,300년이 넘는다. 조선과 청나라는 1712년 압록강과 토문강을 국경으로 한다는 내용의 비석을 백두산에 세웠다. 그러나 조선과 청은 토문강이 어느 강을 말하느냐를 놓고 생각이 달랐다. 그러다 일제가 1909년 간도협약을 맺고 간도를 중국에 넘겨 버렸다. 최근 국내에서는 간도를 되찾아야 한다는 움직임이 일고 있다.

동북공정 중국 국경 안에서 전개된 모든 역사를 중국 역사로 만들기 위해 2002년부터 중국이 추진하고 있는 중국 동북쪽 지역의 역사와 현상에 관한 연구 프로젝트. 중국은 이 지역에서 번성했던 고조선과 고구려, 발해를 고대 중국의 지방정권이라고 주장하고 있다.

⭐ 알아둬야 할 한자어

敎科書 (가르침 교 / 과정 과 / 글 서) | 학교에서 교육 과정에 따라 주된 교재로 사용하기 위하여 편찬한 책.

歪曲 (비뚤 왜 / 굽을 곡) | 사실과 다르게 해석하거나 그릇되게 함.

分爭 (나눌 분 / 다툴 쟁) | 말썽을 일으키어 시끄럽고 복잡하게 다툼.

蠻行 (오랑캐 만 / 다닐 행) | 야만스러운 행동.

⭐ 문장 만들어 보기

교과서 그 영화는 영화 학도들의 교과서가 되는 작품이다.

왜곡 남의 말을 왜곡하여 듣다.

분쟁 그 민족은 오랜 세월 동안 분쟁하다가 멸망하고 말았다.

만행 극악무도한 만행을 저지르다.

 더 생각해 보기

1. 제2차 세계대전을 일으킨 독일은 어떤 방식으로 잘못을 사죄했는지 알아보자.

2. 중국과 일본이 역사 왜곡을 어떻게 하고 있는지 알아보자.

3. 주변국들의 역사 왜곡을 보면서 우리가 해야 할 일이 무엇인지 알아보자.

19 외국인, 혼혈인을 차별하면 왜 나쁠까?

길거리를 걸어가다 보면 외국인들, 특히 동남아 국가의 외국인과 혼혈인을 자주 마주치게 됩니다. 혹시 이들을 낮추어 본 적은 없습니까? 외국인이나 혼혈인을 어떻게 대해야 하는지 자신의 생각을 글로 써 봅시다.

★ 글을 쓰기 전에 알아야 할 내용 ★

- **불법체류자란 무엇인가?** | 정식 절차를 밟지 않거나, 기한을 어기면서 다른 나라에 머무는 사람.

- **제2차 세계대전이란 무엇인가?** | 1939년 9월 1일 독일이 폴란드에 침입하고 영국, 프랑스가 독일에 선전포고를 하면서 시작된 전쟁. 1941년의 독일, 소련이 전쟁을 시작했고, 태평양전쟁으로 전쟁이 커졌으며 독일의 항복에 이어서 1945년 8월 15일 일본이 항복함으로써 전쟁이 끝났다.

요점 | 외국인 근로자들이 많이 들어오고 국제결혼이 늘면서 우리나라에 사는 외국인과 혼혈인 수가 크게 늘어나고 있다. 한국 사람들이 이들을 차별해서 국제 문제가 되고 있다. 피부색이 다르더라도 모든 인간은 태어날 때부터 평등하다. 우리가 서양 사람들에게 차별을 받으면 안 되듯이 우리도 외국인들을 차별해서는 안 된다.

지난 봄 한국계 미국인으로 미국 미식축구 '슈퍼볼' 최고선수(MVP)가 된 하인스 워드가 어머니의 나라인 한국에 금의환향해 열렬한 환영을 받았다. 한국인 어머니와 흑인 아버지 사이에서 태어나 미국 스포츠계의 스타가 된 워드의 한국 방문은 혼혈인에 대한 관심을 불러일으켰다. 갖은 고생을 한 끝에 성공을 이룬 그에게 국민들은 큰 감동을 받았다.

우리나라에는 적어도 4만 명이 넘는 혼혈인이 있다. 이들 중에는 워드처럼 한국전쟁 이후 우리나라에 들어온 미군과 한국인 여성 사이에서 태어난 사람들도 있지만 대부분은 국제결혼을 한 가정에서 태어난 사람들이다.

최근에는 동남아시아 여성과 결혼을 하는 사람들이 많아 혼혈인이 갑자기 늘어나고 있다. 특히 농촌 총각들이 결혼하기가 힘들어지자 베트남이나 필리핀 등에서 신부를 데려오고 있다. 국제결혼을 하는 농촌 총각은 100명 중 10명이 넘는다고 한다. 또 한국에서 일자리를 얻으려는 외국인 근로자들이 많이 들어오고 있고, 이들 가운데 일부는 한국 사람과 결혼해 정착하기도 한다. 그러다 보니 농촌이나 공단 지역에서는 외국인과 혼혈 아동들을 쉽게 볼 수 있게 되었다. 한국인과 동남아 여성 사이에 태어난 아이를 '코시안'이라 부른다.

그런데 한국인들이 외국인이나 혼혈 아동들을 차별해서 외국 사람들로부터 비판을 받고 있다. 예를 들어 회사 사장들은 외국인 근로자들을 구타하기도 하고 일을 시키고도 월급을 주지 않기도 한다. 혼혈 아동들은 피부색과 생김새가 다르다는 이유로 친구도 없이 외톨이로 지내거나 아버지가 불법체류자라서 학교에 들어가지도 못한다.

외국인이나 혼혈인들을 차별해서는 안 된다. 인간은 누구나 평등하게 태어난다. 외국인들도 우리와 똑같은 인간이고 똑같은 권리를 갖고 있다. 세계인권선언문도 모든 인간은 인종, 피부색 등과 상관없이 권리와 자유를 누릴 자격이 있다고 선언하고 있다. 독일은 제2차 세계대전 중에 유태인을 학살했고 호주나 남아프리카공화국에서는 유색인종을 차별했다. 이 국가들은 모두 국제적인 비난을 받았고 지금은 잘못을 인정하고 차별을 하지 않는다.

입장을 바꾸어 생각해 보면 간단하다. 한국인들이 외국에 나가서 차별을 받는다고 생각해 보자. 그러면 한국인들은 그 나라와 그 나라 사람들을 비난하고 항의할 것이다. 혼혈인 워드는 미국에서 차별을 받지 않고 자라 훌륭한 선수가 되었다. 미국과 같은 선진국이 되기 위해서는 인종차별은 이제 반드시 버려야 할 편견이다.

나라 사이에 사람들의 왕래가 잦아지고 이민이 늘어나면서 민족끼리 피가 점점 섞이는 현상이 나타나고 있다. 많은 한국인들도 세계 각국으로 이주해 그 나라에 뿌리를 내리고 그곳 사람과 결혼해 산다. 근로자가 모자라는 우리나라에는 외국인들이 앞으로 점점 더 많이 들어올 것이다. 언젠가는 다양한 인종이 모여 사는 미국처럼 각양각색의 민족들이 우리와 함께 사는 날도 오리라 본다. 지금부터라도 피부색이 다른 외국인이나 혼혈인에 대한 나쁜 감정을 버리고 같은 한국인으로 감싸 안아야 한다. 그런 뜻에서 정부가 뒤늦게나마 외국인에 대한 차별을 금지하는 법을 만들고 교과서에도 혼혈인에 대한 내용을 넣기로 한 것은 다행한 일이다.

⭐ 관련 인물

히틀러(1889~1945)   독일의 정치가, 나치스의 지도자. 웅변에 능해 제1차 세계대전에서 독일이 패한 뒤 독일노동자당에 가입하여 정치활동을 했다. 독일 국민들의 지지를 얻어 정권을 잡았으나 독재자가 되었고, 제2차 세계대전을 일으켰으나 결국 패하여 자살했다. 유태인들을 혐오해 600만 명의 유태인들을 독가스 등으로 학살했다.

히틀러

⭐ 시사상식과 지식

세계인권선언문   제2차 세계대전 중에 극도로 침해당했던 인권을 보호하기 위해 1948년 12월 제3차 국제연합총회에서 채택된 선언.

코시안   한국인과 아시아인 사이에서 태어난 2세 또는 아시아 이주노동자의 자녀를 일컫는 말. 한국인(Korean)과 아시아인(Asian)의 합성어이다. 보통 외국인 노동자와 한국인 사이에서 태어난 국제결혼 2세, 한국에 거주하는 아시아 이주노동자의 자녀를 가리킨다.

⭐ 알아둬야 할 한자어

混血 (섞을 혼, 피 혈) | 다른 인종 사이에서 생긴 혈통.

錦衣還鄕 (비단 금, 옷 의, 돌아올 환, 시골 향) | 비단옷 입고 고향에 돌아온다는 뜻으로, 출세하여 고향에 돌아옴을 이르는 말.

人種差別 (사람 인, 씨 종, 다를 차, 다를 별) | 어떤 인종이 다른 인종을 낮추어 보고 멸시하거나 박해하는 일.

定着 (정할 정, 붙을 착) | 어느 곳에 자리 잡아 오래도록 사는 것.

移住 (옮길 이, 살 주) | 살던 곳을 떠나 딴 곳으로 옮겨 가서 삶.

⭐ 문장 만들어 보기

<u>혼혈</u>   혼혈에 대한 사회적 인식이 많이 달라지고 있다.

<u>금의환향</u>   시험에 합격하여 금의환향하다.

<u>인종차별</u>   인종차별의 벽을 깨부수다.

<u>정착</u>   새로운 제도가 정착하기에는 아직 시간이 필요하다.

<u>이주</u>   한민족은 간도 지방으로 이주하여 그곳을 개척했다.

더 생각해 보기

1. 외국인들을 차별하지 않기 위해 우리가 할 수 있는 일은 무엇이 있는지 생각해 보자.

2. 우리나라에서 외국인 근로자들이 필요한 이유를 알아보자.

3. 인종차별을 한 외국 사례를 찾아보자.

chapter 04

문화와 교육

언제부터인가 우리 사회에 얼짱, 몸짱 바람이
불기 시작했다. 과연 바람직한 일일까?
그리고 교육적인 찬반 논란을 불러일으키고 있는
학교에서의 체벌 문제와 양성평등에 대해서도
생각해 보기로 하자.

20 얼짱 바람, 어떻게 봐야 할까?

TV 프로그램은 물론, 화보집, 요가 비디오 등을 통한 연예인들의 몸짱 지상주의는 심각한 수준입니다. 일반인들 사이에서도 얼짱에 대한 열망은 식을 줄 모릅니다. 얼짱과 몸짱이 되기 위해 성형수술을 하고, 굶으며 살을 빼고 있는 현실에 대해 자신의 생각을 글로 써 봅시다.

☆ 글을 쓰기 전에 알아야 할 내용 ☆

- **신조어란 무엇인가?** | 새로 생긴 말.
- **설문조사란 무엇인가?** | 사람들의 의견을 조사하기 위하여 같은 질문을 여러 사람에게 물어 회답을 구하는 조사 방법.
- **문전성시란 무엇인가?** | 찾아오는 사람이 많아 집 문 앞이 시장을 이루다시피 함을 이르는 말.
- **거식증이란 무엇인가?** | 먹는 것을 거부하거나 두려워하는 병적 증상.

요점 외적인 면을 지나치게 강조하는 풍조가 나타나고 있다. 결혼이나 취직을 할 때는 물론이고 사회 거의 모든 분야에서 외모를 중시하고 있다. 그러나 외모보다는 내면이 중요하다. 인간 됨됨이가 모자라는 사람은 외모가 아무리 출중해도 진정으로 사람다운 사람이 되지 못한다.

우리 할머니 할아버지가 젊었을 때, "마음이 고와야 여자지, 얼굴만 예쁘다고 여자냐."라는 노래가 유행했다고 한다. 외모지상주의가 판치는 지금, 가슴이 뜨끔한 가사이다. 외모를 중시하는 풍조가 널리 퍼지면서 얼굴을 예쁘게 바꾸고 몸매를 가꾸려는 사람들로 성형외과, 피부과 그리고 헬스클럽이 문전성시를 이루고 있다. '얼짱', '몸짱' 바람은 이제 더 이상 바람이 아니라, 아주 당연하고도 자연스러운 현상으로 우리 사회에 자리 잡았다. 얼짱이라는 신조어를 사전에 올리는 문제가 검토되고 있을 정도다.

텔레비전, 신문, 잡지에서는 예쁜 연예인들만 자주 보여준다. 인터넷에서도 '얼짱 선발대회'를 해서 외모를 중시하는 풍조를 부추긴다. 말도 못하는 어린아이에서부터 나이 많으신 어른들까지 연령층도 다양하다.

"보기 좋은 떡이 먹기도 좋다."는 말이 있다. 외모가 예쁘고 깔끔한 사람은 다른 사람에게 좋은 인상을 준다. 그렇지만 요즘 우리 사회에서는 외모를 지나치게 따진다. 일단 잘 생기고 키가 크며 날씬한 사람이 높은 점수를 얻는다. 사람을 사귀거나 결혼할 때는 물론이고 취직이나 승진에도 외모를 먼저 본다. 심지어 정치에서 선거에 나갈 입후보자들도 외모가 좋아야 표를 얻는다고 성형수술까지 하고 있다고 한다.

모든 곳에서 외모를 중요시하니 젊은 사람들은 수술을 해서라도 예쁜 얼굴과 날씬한 몸매를 가지고 싶어 한다. 성형 중독증, 거식증이 늘어나는 원인에도 이런 사회 분위기가 한몫을 하고 있다. 모두 성형수술을 하니 얼굴과 몸매도 개성이 없이 다 비슷비슷하다. 텔레비전에서 보여주는 예쁜 얼굴, 날씬한 몸매의 기준에 맞추려고 하기 때문이다. 여성의 68%가 외모가 인생의 성공을 좌우한다고 생각한다는 설문조사 결과도 나왔는데, 이는 놀라운 일이 아니다. 그래서 그런지 한국 여성들은 세계에서 가장 많이 성형수술을 하는 것으로 알려졌다. 참으로 부끄러운 일이다.

그러나 외모가 전부는 아니다. 아무리 아름다운 꽃도 열흘을 못 간다는 뜻의 화무십일홍이라는 말처럼, 외모가 아무리 좋아도 인품이 훌륭하지 않고 덕이 없으면 오래가지 못한다. 당장은 인기를 끌고 사람들로부터 관심을 받겠지만, 내면이 훌륭하지 않으면 사람들은 이내 눈을 돌려버리고 만다.

그리 좋은 외모가 아니더라도 좋은 품성을 가지고 있으면 사람들과 원만한 관계를 맺을 수 있고, 사람들을 따르게 만들 수도 있다. 사람들이 따르는 사람은 성공할 확률도 높다. 용모와 관계없이 인생에서 성공한 사람은 얼마든지 있다. 유럽을 정복한 나폴레옹의 키는 157cm밖에 안 되었다고 한다. 훌륭한 학자나 정치인 중에도 외모가 뛰어나지 않은 사람은 얼마든지 있다.

사람은 행복해지고 싶어 한다. 그러나 행복은 외모나 돈 같은 물질적이고 외적인 것에서 오는 것이 아니다. 외모가 멋져도 내면이 평화롭지 않다면 그 사람은 결코 행복할 수 없다. 행복은 평안하고 건강한 내면 그리고 일이나 인간관계의 만족감과 성취감에서 온다. 외모보다 내면에 집중해야 하는 이유가 바로 여기에 있다.

★ 관련 인물

나폴레옹(1769~1821) 프랑스의 장군이자 황제. 지중해 코르시카 섬에서 태어났다. 이탈리아와 이집트를 원정하고 오스트리아와 싸워 이겼다. "나의 사전에 불가능은 없다."라는 유명한 말을 남겼다. 그러나 영국과 해전을 벌여 패하고 러시아 원정에서 실패한 뒤, 황제에서 쫓겨나 세인트헬레나 섬에서 쓸쓸히 죽음을 맞았다.

나폴레옹/다비드 그림

★ 시사 상식과 지식

루키즘(lookism) 외모에 집착하는 외모지상주의를 일컫는 용어. 미국 신문〈뉴욕 타임스〉의 칼럼니스트인 새파이어가 인종·성별·종교·이념 등에 이어 외모를 새롭게 등장한 차별 요소로 보고 쓰기 시작했다. look(보다)에 ism(주의)이 합성된 말이다. 우리나라도 2000년 이후 루키즘이 사회 문제로 등장했는데 세계에서 가장 많이 성형수술을 하는 것으로 알려져 있다.

★ 알아둬야 할 한자어

風潮 (바람 풍, 밀물 조)	시대에 따라 변하는 세태.
花無十日紅 (꽃 화, 없을 무, 열 십, 해 일, 붉을 홍)	열흘 동안 붉은 꽃은 없다는 뜻으로, 반드시 쇠하여짐을 비유적으로 이르는 말.
成就感 (이룰 성, 나아갈 취, 느낄 감)	목적한 바를 이루었을 때의 만족감.

1. 얼짱이나 몸짱이 되기 위해 노력하듯이 나의 내면의 아름다움을 위해 어떠한 노력을 하고 있는지 생각해 보자.

2. 화무십일홍과 같은 뜻을 가진 다른 말을 찾아보자.

3. 사회에서 외모만 중시하는 그릇된 풍조의 예를 찾아보자.

선생님의 체벌은 괜찮을까?

선생님이 학생을 때려 학생과 학부모의 반발을 사고 있다는 기사가 심심찮게 등장하고 있습니다. 체벌을 받은 학생이 자살을 하는 사건도 가끔 일어납니다. 선생님들은 '사랑의 매'라고 합니다. 그러나 사랑의 매의 기준이 무엇인지는 애매합니다. 체벌이 교육을 위해서 필요한 것인지 찬성과 반대의 의견으로 나누어 자신의 생각을 글로 써 봅시다.

☆ 글을 쓰기 전에 알아야 할 내용 ☆

- **체벌이란 무엇인가?** | 몸에 고통을 주는 벌.
- **상습적이란 무엇인가?** | 늘 하는 버릇.
- **도덕관이란 무엇인가?** | 도덕에 관한 관점이나 입장.

요점 체벌은 사람에게 심한 모욕감과 분노를 일으키는, 인권을 침해하는 형벌로 지금은 금지되고 있다. 그러나 아직도 가정이나 학교에서는 어느 정도 용인되고 있지만 아무리 부모 자식, 스승 제자의 관계라도 체벌은 최소한에 그쳐야 한다. 꾸준한 대화와 설득으로 잘못을 뉘우치게 하는 것이 더 낫고 교육적인 면에서도 좋다.

⭐ 체벌에 반대한다

'사랑의 매'라 이름 짓고는 교육을 한다면서 아이들에게 체벌을 해온 것이 사실이다. 그러나 이제는 인권의식이 강화되면서 부모나 스승도 마음대로 체벌을 할 수 없는 시대가 됐다. 최근 영국에서는 자식을 때려 멍이 들게 하는 정도의 체벌이라도 부모에게 최고 5년형을 선고할 수 있는 법을 만들었다. 우리나라에서도 선생님의 체벌을 대체로 금지하고 있으며 상습적으로 체벌을 하는 교사는 교단에서 퇴출시킬 수 있게 돼 있다.

체벌은 집에서보다 학교에서 더 문제다. 집에서 잘못하면 몇 안 되는 우리 가족들 선에서 끝날 수 있지만, 학교에서는 한 학생의 잘못이 다른 학생들에게 영향을 미쳐 큰 일로 번질 수 있다는 생각에서 선생님이 아이들에게 강력한 체벌을 하는 경우가 종종 있다.

특히 규율을 엄격히 지키고 강도 높은 훈련을 해야 하는 학교 운동선수 10명 가운데 7명 정도는 일주일에 한두 차례 얻어맞고 있다는 주장이 있다. 아직은 여러모로 미숙한 아이들에게 이 정도 교육적인 제재는 필요하다는 사회적인 이해가 있기 때문에 가능한 일이다. 하지만 심한 체벌은 반성보다는 반발을 부른다. 체벌 때문에 비극적인 사건도 자주 일어난다. 얼마 전에 체벌을 받은 여중생이 자살한 사건이 있었다. 신체적 고통보다 더 견디기 어려운 정신적인 모욕감에서 자살한 것이다.

체벌이 지나치면 폭력이 된다. 선생님 스스로 감정을 억제하지 못하고 감정에 휘둘리게 되면 화풀이가 될 수도 있다. 온당치 않은 체벌을 당했다고 생각하는 학생은 선생님에 대한 분노, 나아가 사회에 대한 분노를 키우게 될 것이다.

이렇게 볼 때 체벌은 가능한 한 피하는 것이 좋다. 체벌 대신 교실 청소를 시킨다거나 봉사 활동을 하게 하는 방법도 있다. 히딩크 전 국가대표 축구팀 감독이 코치에게 얻어맞는 청소년 축구 선수들을 목격하고는 크게 놀라 코치에게 때리지 말라고 경고한 일이 있다고 한다. 그는 "구타를 하면 창의력이 죽는다."고 말했다.

가장 중요한 것은 선생님과 제자 사이의 사랑과 믿음이다. 스승은 먼저 대화로 제자가 반성을 하도록 이끌어 주어야 한다.

★ 교육을 위해서 체벌은 필요하다

"귀한 자식 매 한 대 더 때리고 미운 자식 떡 하나 더 준다."는 속담이 있다. 예로부터 체벌은 사랑스런 자식이나 제자를 가르치는 한 방법이었다. 부모나 스승은 다시는 같은 잘못을 반복하지 말라고, 정신을 차리고 바르게 행동하라고, 매로 따끔하게 아이들을 교육시켰다. 그래서 '사랑의 매'라는 말도 생겼다.

사람들은 누구나 잘못을 저지른다. 하물며 아이들이야 말할 것도 없다. 아직은 사고체계나 도덕관이 제대로 세워지지 않았기 때문이다. 거짓말을 하거나 하지 말라는 짓을 계속하다가, 시키는 일을 제대로 하지 못해서, 지각을 해서, 숙제를 하지 않아서, 다른 친구들과 싸워서……. 이렇게 잘못을 저지르는 경우는 많다.

아직은 미숙하고 더 배워야 할 아이들을 교육시키는 방법으로 우선적인 것은 물론 말로 타이르는 것이다. 그러나 도저히 말로써 잘못을 깨닫게 할 수 없을 때 체벌이 효과를 볼 수 있을 때가 있다. 잘못을 저지른 아이는 다소의 신체적인 고통이 따를 때 더 깊이 반성할 수 있는 것이다. 체벌은, 체벌이 무섭다는 이유 때문에 잘못을 저지르지 않도록 억제하는 효과도 분명히 있다.

학교의 규칙을 지키지 않고 엄격한 훈련과 교육을 받지 않은 학생은 학교를 졸업하고 나서 사회에 나가서도 규정을 지키지도 않으며 법을 제대로 지키지 않을 가능성이 있다. 반대로 학교에서 엄격한 교육을 받은 사람은 사회에서도 법과 규율을 잘 지킬 것이다.

다만, 체벌의 긍정적인 측면을 감안하더라도 엄격한 기준은 정해놓아야 한다. 감정이 섞인 심한 체벌은 교육 효과를 보기는커녕 더 나쁜 결과를 부를 수도 있다. 또한 체벌은 여러 가지 교육 방법 중 하나일 뿐이라는 사실도 명심해야 한다. 체벌은 잘못을 바로잡는 최후의 교육 수단으로 생각해야 한다.

⭐ 관련인물

페스탈로치(1746~1827) 스위스의 교육가. 취리히에서 태어났다. 근대교육의 아버지로 불린다. 페스탈로치는 어릴 때 성적이 나빠 매를 많이 맞아서 회초리를 쓰지 않는 학교를 만들겠다고 결심했다. 1771년 빈민학교를 설립해 가난한 아이들을 가르치기 시작했으며 전쟁고아들을 돌보기도 했다. 부모와 자식 간의 사랑과 믿음이 교육의 기본이라고 주장했다.

페스탈로치

⭐ 시사상식과 지식

체형 체벌이 학교나 가정에서 교육의 목적으로 있는 것이라면 체형은 국가가 개인에게 벌로 신체에 고통을 주는 것이다. 매로 때리는 태형, 범죄자임을 신체에 표시하는 낙인, 팔다리를 자르는 수족 절단, 눈을 멀게 하는 맹형(盲刑) 등이 있다. 미국에서의 마지막 태형은 1952년 델라웨어 주에서 집행되었다. 중동국가와 남아프리카 공화국 등에서는 아직도 태형이 남아 있다.

피그말리온 효과 그리스 신화에서 유래한 말. 어떤 사람을 믿고, 긍정적으로 생각하고 기대하면 그 사람은 기대에 맞는 행동을 보여준다는 것. 그리스 신화에 나오는 키프로스의 왕 '피그말리온'은 결혼을 하지 않고 한 평생 독신으로 살 것을 결심한다. 하지만 외로움과 여성에 대한 그리움 때문에 그는 조각상에 옷을 입히고 목걸이를 걸어주며 어루만지고 보듬으면서 마치 아내인 것처럼 대하며 정성을 다했다. 어느 날 피그말리온은 신들에게 조각상과 같은 여인을 아내로 맞이하게 해달라고 기원했고, 여신이 감동하여 조각상을 사람으로 환생시켜 주었다.

알아둬야 할 한자어

侮辱 (업신여길 모, 욕되게 할 욕) | 깔보고 욕되게 함.

規定 (법 규, 정할 정) | 규칙으로 정함. 또는 그 정하여 놓은 것.

退出 (물러날 퇴, 날 출) | 물러나서 나감.

穩當 (편안할 온, 마땅 당) | 사리에 어그러지지 않고 알맞음.

禁止 (금할 금, 발 지) | 하지 못하도록 함.

문장 만들어 보기

모욕 그는 나를 비겁자라며 모욕했다.

규정 헌법에서는 집회의 자유를 규정하고 있다.

퇴출 부실 은행들이 퇴출되었다.

온당 법을 어겼으면 처벌을 받는 것이 온당하다.

금지 휴전선 부근은 휴전 이후 민간인의 출입이 금지되어 왔다.

 더 생각해 보기

1. 체벌의 효과에 대해 생각해 보자.

2. 학교에서 체벌을 해도 좋다면 어느 정도까지 허용하면 좋은지 기준을 생각해 보자.

3. 동생이 잘못했을 때 다시는 똑같은 일을 저지르지 않도록 어떻게 가르칠지 생각해 보자.

22 여자는 남자보다 못할까?

우리나라 최초의 여성 국무총리, 국가시험에서 1등을 한 여성의 예는 여성이 오히려 남성보다 나을 수도 있음을 보여 줍니다. 그러나 아직도 남성 우월주의는 우리 사회에 남아 있습니다. 정말 여성들이 남성들보다 능력이 없는지에 대해 자신의 생각을 글로 써 봅시다.

★ 글을 쓰기 전에 알아야 할 내용 ★

- **부계사회란 무엇인가?** | 사회와 가족생활에서 남자가 지배적 위치를 차지하고 주도적 역할을 하던 사회 형태를 말한다.

- **커리어 우먼이란 무엇인가?** | 커리어(career)와 여자(woman)가 합쳐져 직업을 가진 여성이라는 의미로, 일에 대한 자신감과 강인함 그리고 프로다운 능력(면모)을 갖고 있는 여성을 말한다.

요점 전통적인 부계사회에서는 남자는 일을 하고, 여자는 아이를 낳고 집안을 돌보았다. 그러나 현대사회에서는 남녀의 구별이 없다. 신체적인 특성에 따른 어쩔 수 없는 역할의 차이 말고는 남녀는 어떤 일에서든지 동등하게 대우받아야 한다. 인간은 태어날 때부터 평등하기 때문이다.

"암탉이 울면 집안이 망한다."는 속담이 있다. 여자가 집안에서 큰 소리를 내면 망한다는 뜻이다. 예로부터 남녀차별이 얼마나 심했는지 짐작할 수 있는 내용이다. 우리나라에서 여자는 여러 가지 차별을 받아왔다. 여자는 고등교육을 받지 못했고 집에서 밥 짓고 빨래하는 일만 하는 사람쯤으로 알았다. 사오십 년 전만 해도 여자는 남자와 한 밥상에서 밥을 먹지 못했고, 남자가 설거지를 하거나 청소를 하는 것은 생각하지도 못할 일이었다.

하지만 요사이는 남녀차별이 많이 없어졌다. 남편과 아내가 같이 직장에 다니는 맞벌이 부부도 주위에서 흔하게 볼 수 있다. 여자도 '커리어 우먼'이라고 해서 당당하게 사회생활을 한다. 반대로 남자는 예전에 하지 않던 부엌일과 아기 보는 일도 한다.

남자와 여자는 겉모습만 다르지 똑같은 사람이다. 다만 신체적인 차이 때문에 서로 할 수 있고 할 수 없는 일이 있다. 남자는 여자보다 힘이 더 세고, 아이는 여자만이 낳을 수 있다. 최근에는 신입사원을 뽑으면 여자들이 남자들보다 더 많이 합격하기도 하고, 사법시험과 같은 국가시험에서 여자가 수석을 차지하는 일도 드물지 않다.

충청북도에서는 도내 대학 졸업식에서 여자가 수석을 '싹쓸이' 했다고 한다. 의사시험에서는 여성의 합격 비율이 37%까지 올라갔다. 교사직에서는 여성의 비율이 너무 높아 오히려 문제가 되고 있다. 남자만 갈 수 있었던 사관학교도 여성에게 문을 열었다. 경기도 용인군 경찰대학에서 열린 제22기 졸업식에서 여학생들이 대통령상 등 전체 1~3위를 휩쓸었다. 여성의 능력이 남성보다 결코 떨어지지 않음을 보여주는 사례들이다.

근래 들어 남녀평등이 조금씩 실현되면서 여성들의 사회 진출이 부쩍 늘고 있다. 남성들을 제치고 높은 지위에 오르거나 시험에서 수석을 차지하는 여성들이 많아 '여풍'이나 '우먼파워'라는 말을 흔히 듣게 됐다.

남녀평등이 많이 이루어졌다고 하지만 아직 미흡하다. 우리나라 국회의원 271명 중에 여성이 16명밖에 안 되고, 여성 장관도 4명밖에 안 된다. 직장이나 학교에서도 은근한 차별이 있다.

완전한 양성평등이 되려면 작은 일에서부터 여자를 똑같이 대접해 주어야 한다. 민주주의에서는 누구나 평등하다. 여자라고 차별해서는 안 된다. 여자의 능력이 남자보다 뒤떨어지지도 않는다. 같은 능력을 가지고 있으면서도 여자라는 이유만으로 차별받는다면 일할 의욕이 날 수 없다. 세상은 남자만으로 존재할 수 없다. 어머니의 존재가 없었다면 나도 존재하지 않는다.

⭐ 관련 인물

이사벨 페론(1931~) 아르헨티나의 여성 정치가. 파나마에 망명 중이던 장군 J. D 페론을 만나 1961년 결혼했다. 1973년 대통령이 된 남편과 나란히 부통령이 되었고 1974년 대통령이었던 남편이 세상을 떠나자, 뒤를 이어 세계 최초의 여성 대통령이 되었다. 1940년대 페론 대통령의 부인으로 '에비타'로 불리는 에바 페론(1919~1952)과는 다른 인물이다.

이사벨 페론

⭐ 시사상식과 지식

여초 현상 여성의 비율이 높은 현상을 말한다. 원래는 전쟁이 일어난 곳이나 제주도처럼 남자들이 바다에 나갔다가 재난을 당한 지역에서 여자가 남자의 수보다 많은 현상을 뜻했다. 최근에는 초등학교 교직원이나 신입 공무원, 은행원 등의 직종에서 여성의 비율이 남자보다 높은 현상을 의미하게 되었다.

여성 참정권 세계에서 처음으로 여성의 참정권을 인정한 나라는 뉴질랜드로 1893년의 일이었다. 뒤이어 1920년에 미국, 1928년에 영국, 1944년에 프랑스에서 인정되었다. 우리나라는 1948년에 제정헌법에서 남녀의 평등한 참정권이 인정되었다.

⭐ 알아둬야 할 한자어

差別 (어긋날 차, 다를 별)	차등 있게 구별함.
能力 (능할 능, 힘 력)	일을 감당해 낼 수 있는 힘.
慇懃 (괴로워할 은, 은근할 근)	음흉스럽고 은밀함.
平等 (평평할 평, 가지런할 등)	권리, 의무, 자격 등이 차별 없이 고르고 한결같음.

 더 생각해 보기

1. 역사상 훌륭한 발자취를 남긴 여성과 주위에 눈부신 활약을 하고 있는 여성들을 알아보자.

2. 여자는 왜 군대에 가지 않아도 되는지 생각해 보자.

3. 아직도 남녀평등이 이루어지지 않고 있는 일들에 대해 생각해 보자.

23 개고기를 먹어서는 안 될까?

우리나라 사람들이 개고기를 먹는다고 프랑스 여배우가 비난을 한 적이 있습니다. 사실 우리나라에서도 애완용으로 기르는 개를 식용으로 삼아서 되느냐 하는 문제를 놓고 찬성과 반대 의견이 맞서고 있습니다. 개고기를 먹는 것에 대한 자신의 생각을 글로 써 봅시다.

☆ 글을 쓰기 전에 알아야 할 내용 ☆

- **야만인이란 무엇인가?** | 미개하여 문화 수준이 낮은 사람.
- **혐오감이란 무엇인가?** | 싫어하고 미워하는 감정.
- **취향이란 무엇인가?** | 하고 싶은 마음이 생기는 방향 또는 그런 경향.

요점 음식은 하나의 문화다. 지리적으로 떨어져 산 각각의 민족들은 서로 다른 음식문화를 갖고 있다. 개고기를 먹느냐, 먹지 않느냐 하는 것도 생활방식과 음식문화의 차이에서 비롯된다. 다른 민족의 고유한 전통과 관습을 존중해 주어야 하듯이 음식문화도 존중해 주어야 한다.

영국의 탐험가 스콧은 노르웨이의 아문센보다 먼저 남극점을 향해 출발했지만 늦게 도착했고, 불행하게도 돌아오다 얼어 죽고 말았다. 한마디로 실패한 탐험가였다. 그런데도 영국 사람들이 스콧을 매우 존경하는 것은 식량이 떨어졌는데도 썰매를 끌던 개를 잡아먹지 않은 것이 이유라고 한다. 개고기에 대한 서양 사람들의 생각을 보여주는 좋은 예이다.

한 프랑스 여자 배우는 한국인이 개고기를 먹는다며 야만인이라고 비난했다. 서양 사람들은 예로부터 개를 애완용으로 길러왔기 때문에 개고기를 먹지 않으며, 가족처럼 기르는 개를 잡아먹는 데 혐오감을 갖고 있다. 우리나라 사람들 중에도 개를 먹는 데 반대하는 사람이 많다. 그들은 개처럼 충직하게 인간을 잘 따르는 개를 어떻게 잡아먹느냐는 것이다. 그리고 개를 죽이는 방법이 너무 잔인하다며 좋지 않게 생각한다.

그러나 음식은 관습이며 취향이며 삶의 방식이다. 서양에서는 빵을 먹고 우리는 밥을 먹는다. 중국 사람들은 원숭이 골 요리, 곰발바닥 요리, 모기 눈알 요리 같은 희한한 것들을 먹는다. 프랑스에서는 달팽이가 식용으로 쓰인다. 서양 사람들은 말고기를 우리가 쇠고기를 먹듯이 먹는다. 우리에게는 낯선 음식들이다. 하지만 우리가 먹지 않는다고 그들을 손가락질하는 것은 옳지 않다. 마찬가지로 우리가 개고기를 먹는다고 서양 사람들이 비난하는 것은 잘못이다.

음식은 환경, 전통, 풍습과 관계가 있다. 우리 민족은 아주 오래 전부터 개를 가축으로 길렀다. 개고기는 고조선 시대부터 먹었다는 기록이 있다. 그때부터 소나 돼지, 닭과 마찬가지로 개를 식용으로 삼았다. 그 관습은 오늘날에도 이어져 복날이면 보신용으로 개고기를 먹는 사람들을 흔히 볼 수 있다. 음식을 가지고 다른 나라를 공격하는 것은 그 나라 문화를 존중하지 않고 자신들의 잣대에 맞추어 평가하는 것이나 마찬가지이다.

물론 개를 포함해 모든 동물을 사랑하고 보호해야 한다. 동물을 학대하는 사람은 처벌받아야 한다. 그러나 식용으로 삼는 것과 학대는 다른 문제다. 결론적으로 어떤 음식을 먹느냐 안 먹느냐는 전통과 문화, 개인 선택에 달린 것이다. 다른 민족이나 사람들의 고유의 전통과 문화 그리고 취향은 존중해야 한다.

★ 관련 인물

아문센(1872~1928)과 스콧(1868~1912) 노르웨이의 아문센은 남극에 최초로 도달한 탐험가다. 동료 4명, 개 52마리를 이끌고 1911년 12월 14일 남극을 정복했다. 영국의 스콧은 일행 11명과 1911년 10월 24일 육로로 남극탐험에 나섰다. 1912년 1월 18일 남극에 도착했지만 아문센이 다녀간 지 한 달 뒤였다. 돌아오는 길의 날씨가 매우 나빠서 스콧 일행은 기지를 18km쯤 남겨놓고 배고픔, 추위와 싸우다 죽고 말았다.

아문센

브리짓 바르도(1934~) 세계적으로 유명한 프랑스의 여배우. 영화 〈순진한 악녀〉(1956)가 성공을 거두면서 그녀는 스타가 되었다. 앳된 용모와 매혹적인 육체미로 베베라는 애칭을 갖고 있다. 1974년 은퇴해 동물보호운동에 힘을 쏟으면서 한국 사람이 개고기를 먹는 것을 맹비난하기도 했다.

★ 시사상식과 지식

개의 역사 개의 조상은 늑대라고 한다. 그러나 머리뼈나 이빨의 구조를 보면 개는 늑대와는 다르다. 인간이 늑대를 길들여 가축으로 기르기 시작한 것은 1만 2,000~1만 4,000년 전쯤으로 추정된다. 가장 오래된 기록은 페르시아의 베르트 동굴의 것으로 기원전 9,500년쯤이다. 오늘날 개는 400여 품종이 있다.

다양한 음식문화 각국의 음식은 그 나라의 주산물과 땅의 비옥한 정도, 전통과 문화 등에 따라 매우 다양하다. 서양은 고기와 밀을, 동양은 쌀을 주식으로 삼는다. 중국, 동남아, 아프리카에서는 곤충도 먹는다. 먹을 수 있는 곤충만 500여 종이나 된다고 한다. 육류가 부족해 곤충을 단백질 공급원으로 삼은 것이다. 우리나라나 중국에서 개고기를 먹는 이유도 그와 비슷하다.

⭐ 알아둬야 할 한자어

慣習 (익숙할 관, 익힐 습) | 어떤 사회에서 오랫동안 지켜 내려와 그 사회 성원들이 널리 인정하는 질서나 풍습.

傳統 (전할 전, 거느릴 통) | 어떤 집단이나 공동체에서, 지난 시대에 이미 이루어져 계통을 이루며 전하여 내려오는 사상·관습·행동 따위의 양식.

虐待 (사나울 학, 기다릴 대) | 심하게 괴롭힘.

食用 (밥 식, 쓸 용) | 먹을 것으로 씀. 또는 그런 물건.

⭐ 문장 만들어 보기

관습   우리 민족의 오랜 관습을 따르다.

전통   우리나라는 전통적으로 충과 효를 인간됨의 기본 덕목으로 삼았다.

학대   무고한 농민들을 잡아 가두고 학대했다.

식용   양고기는 식용으로 이용되고, 그 털은 인간의 의생활에 쓰인다.

149

1. 우리가 먹지 않는 것을 먹는 세계의 음식에 대해 알아보자.

2. 동물애호가들이 개고기를 먹어서는 안 된다고 주장하는 근거를 알아보자.

3. 먹을 것이 없어 굶어 죽을 때에도 개를 잡아먹지 않았던 스콧의 입장이 되어, 나라면 어떻게 했을까 생각해 보자.

24 한류열풍은 어떤 이득을 줄까?

한국 배우를 보기 위해 비행기를 타고 우리나라에 들어오는 외국 사람들의 모습은 이제 너무나 흔한 풍경이 되었습니다. 이른바 한류열풍으로 우리나라에 어떤 이익이 있는지 알아보고 이를 발전시키기 위해서 어떻게 하면 좋을지 자신의 생각을 글로 써 봅시다.

☆ 글을 쓰기 전에 알아야 할 내용 ☆

- **선풍적이란 무엇인가?** | 돌발적으로 일어나 세상을 뒤흔드는 사건을 비유적으로 이르는 말.
- **국위란 무엇인가?** | 나라의 권위나 위력.
- **민간외교관이란 무엇인가?** | 외무고시를 거친 국가 공무원이 아닌 일반인이 문화교류 등 국가차원 이하의 외교를 하는 사람을 말한다.

요점 우리나라 문화가 다른 나라에서 선풍적인 인기를 끌고 있다. 한류는 한국을 외국에 알리는 데 매우 큰 역할을 한다. 한국의 생활상과 문화를 담은 드라마가 외국의 안방에서 방영될 때 엄청난 홍보효과가 있다. 한국에 대한 인식이 좋아져 영화나 드라마, 음반 수출이 늘어나고 다른 한국 상품 수출에도 크게 영향을 미친다. 이것이 일시적인 현상에 머무르지 않고 지속될 수 있게 많은 노력을 기울여야 한다.

'대장금'이라는 TV 드라마에 출연한 탤런트 이영애와 가수 비가 2005년 '홍콩의 인물'로 선정됐다는 소식이다. 일본에서는 배용준의 일본식 존칭인 '욘사마'가 검색어 순위 1위라고 한다. 한국 연예인들은 국내보다 외국에서 더 큰 인기를 누리고 있다.

할아버지 시절에는 홍콩의 이소룡이, 아버지 때에는 성룡이나 주윤발 같은 배우가 한국에서 큰 인기를 얻었다. 엘비스 프레슬리나 마이클 잭슨 같은 서양 가수의 노래에 잠못 이루던 어른들도 많았다고 한다. 외국 연예인들만이 최고라고 생각했던 그때와 비교하면 오늘날 한국 연예인들의 인기는 낯설기까지 하다.

한류열풍은 우리나라에 많은 이득을 가져온다. 우선 한국을 세계에 널리 알려 국위를 선양하는 효과가 크다. '욘사마' 때문에 일본 사람들은 한국에 큰 관심을 갖게 되었다. 드라마나 영화를 통해 우리의 전통과 문화가 외국에 소개되고, 중국이나 일본에서는 한글과 우리말을 배우려는 사람들이 크게 늘고 있다.

한류열풍은 우리나라와 외국의 우호 관계를 개선하는 데 도움이 된다. 외국 사람들이 한국 드라마나 노래를 좋아하다 보면 한국이라는 나라도 자연스럽게 좋아하게 될 것이기 때문이다. 한류 연예인들을 민간 외교관으로 불러도 좋을 것 같다.

한류열풍 덕택에 우리나라는 외화를 벌어들인다. 드라마나 영화는 비싼 값에 외국에 수출되고 외국인 관광객들도 많이 찾아오게 된다. 드라마 '겨울연가' 촬영지인 춘천과 남이섬에 일본인 관광객 수십만 명이 다녀갔다. 한류열풍이 불고 있는 나라에서는 텔레비전이나 휴대전화 등 우리 상품이 불티나게 팔리고 있다. 베트남에서는 한국 모델이 광고를 한 화장품이 판매 1위이다.

이처럼 여러모로 이득이 되는 한류열풍이 한때의 '반짝현상'이 되지 않도록 다각적인 대책을 세워야 한다. 중국과 일본 등에서는 한국 연예인들이 폭발적인 인기를 끌자 한류를 배척하자는 움직임이 일고 있다. 어느 나라라도 다른 나라의 문화가 '안방극장'까지 점령하며 휩쓰는 것을 달가워하지 않을 것이다.

이에 대한 대응책으로 한류에 반감을 갖고 있는 외국 사람들이 한국에 좋은 인상을 갖도록 해외 홍보를 강화해야 한다. 또 한국학을 공부하는 외국인들을 지원해 주는 노력을 게을리 해서는 안 된다. 또 한류열풍으로 우리가 얻는 이익의 일부를 돌려 주어 그 나라의 문화사업이 발전하는 데 도움을 주는 방안도 필요하다.

한국이 세계적인 국가가 되는 데 한류열풍이 분명히 한몫을 하고 있다. 그러나 일시적인 현상이 되지 않도록 연예계뿐만 아니라 산업계나 문화계에서도 힘을 합쳐서 종합적인 방안을 마련해야 한다. 한 나라의 문화가 일방적으로 다른 나라에 파고 들어갈 수도 없고, 그것이 결코 바람직한 현상도 아니다. 우리의 문화를 더욱 폭 넓게 외국에 보급하되, 우리도 외국의 문화를 이해하고 받아들이는 데 인색해서는 안 되겠다.

⭐ 관련 인물

<u>욘사마 배용준(1972~)</u> 영화배우 겸 탤런트. 2004년 출연작 〈겨울연가〉가 일본 NHK를 통해 방영된 후 일본 팬들 사이에서 '욘사마'라는 존칭으로 불릴 정도로 인기를 끌면서 일본에서 한류열풍을 불러 일으켰다. 2005년 일본 니혼 TV 선정 엔터테인먼트 대상 2위를 차지하기도 했다.

⭐ 시사상식과 지식

<u>한류</u> 한국의 문화, 영화, 드라마 등이 아시아 등 외국에서 큰 인기를 얻는 현상. 한류(韓流)는 다른 문화가 파고든다는 뜻인 한자어 한류(寒流)와 소리가 같은 말로, 중국 신문에서 처음으로 한국에서 불어오는 바람이라는 뜻으로 사용했다. 2003년 중국의 새로운 용어 중에 하나로 선정되기도 했다. 한류는 중국뿐 아니라 일본, 홍콩, 타이완, 베트남, 태국, 필리핀, 인도네시아 등 동남아 전역으로 확산되고 있다.

⭐ 알아둬야 할 한자어

演藝人 (멀리 흐를 연, 심을 예, 사람 인) | 연예에 종사하는 배우, 가수, 무용가 등을 통틀어 이르는 말.

弘報 (넓을 홍, 갚을 보) | 널리 알림. 또는 그 소식이나 보도.

商品 (헤아릴 상, 물건 품) | 사고파는 물품. 장사로 파는 물품.

友好 (벗 우, 좋을 호) | 개인끼리나 나라끼리 서로 사이가 좋음.

1. 연예인들 외에 민간외교를 할 수 있는 사람들은 누가 있을지 생각해 보자.

2. 나라의 이익을 위해서 한류열풍을 더 발전시킬 수 있는 방법을 생각해 보자.

3. 외국 관광객들을 끌어들이기 위해서는 우리 정부나 국민들이 어떤 노력을 기울여야 하는지 알아보자.

chapter 05
과학과 환경

정보 고속도로라 불리는 초고속 정보통신망은
우리의 삶을 크게 바꾸고 있다.
하지만 인터넷 언어의 지나친 사용이나
게임 중독 등의 사회적 문제가 생기기도 한다.
그리고 그 어느 때보다 심각한 환경 파괴
문제에 대해서도 함께 생각해 보자.

25 인터넷 언어의 나쁜 점과 좋은 점은 무엇일까?

청소년들이 사용하는 인터넷 용어 때문에 한글이 파괴되고 있다는 신문보도를 자주 접하게 됩니다. 말과 글은 바르게 써서 후손에게 물려주어야 합니다. 인터넷을 이용할 때 나 자신은 어떠했는지 돌이켜 보고 생각을 글로 써 봅시다.

☆ 글을 쓰기 전에 알아야 할 내용 ☆

- **오프라인이란 무엇인가?** | 단말기의 입출력장치 따위가 연결되어 있지 아니한 상태. 온라인의 반대말로 사람들이 컴퓨터 온라인을 이용하지 않고 직접 정보나 물건을 주고받는 것을 말한다.

- **한글 맞춤법이란 무엇인가?** | 조선어연구회가 우리글을 어법에 맞게 통일시켜 표기하기 위해 1933년 11월에 한글맞춤법통일안을 처음 만들었다. 지금 사용되는 맞춤법은 이를 개선한 것으로 1989년 3월부터 시행된 것이다.

요점 한글은 우수성을 세계적으로도 인정받은 우리 민족 최대의 유산이다. 그러나 광범위하게 번진 통신언어로 인해 맞춤법을 제대로 쓰는 학생이 드물 정도로 우리말 훼손은 심각한 상황에 이르렀다. 인터넷 언어는 좋은 측면이 있다고 하더라도 결코 바람직하지 않다. 인터넷 언어의 남용을 자제하고 다 함께 한글바로쓰기운동을 벌여나가야 한다.

"**방**가방가. 쌤, 안냐세염, 하이루", "답장 꼭 해주셔야 돼용, ^빠빠." 외계의 언어도, 외국말도 아니다. 어느 고등학교 1학년 학생들이 선생님에게 쓴 편지에서 따온 글이다. 어른들은 이해하지 못할 인터넷 언어가 일상생활에까지 깊숙이 침투한 예이다.

인터넷 언어는 주로 청소년들이 온라인에서 채팅을 할 때 쓴다. 확실한 증거는 없지만 1990년대 초반 인터넷을 전화선으로 할 때 전화비를 덜 들게 하려고 낱말을 줄여 쓰면서 급속하게 번진 것으로 생각된다.

요즘은 10대뿐만 아니라 그보다 나이가 많은 사람들도 흔하게 사용한다. 점점 더 희한한 문자들이 많이 나와서 도무지 뜻을 알지 못할 언어도 곧잘 눈에 띈다.

인터넷 언어가 좋은 점도 있다. 소리 나는 대로 짧게 쓰기 때문에 온라인이나 휴대 전화에서 빨리 말을 주고받을 수 있어 편리하다. 애교스럽고 독특한 개성이 담겨 있기도 하다. 특히 의성어나 의태어 같은 것들은 훨씬 더 생생하게 느껴지기도 한다.

그러나 인터넷 언어는 한글을 파괴하는 심각한 문제점이 있다. 한글에는 정해진 맞춤법이 있다. 맞춤법이란 사람들 사이의 약속이다. 인터넷 언어는 그것을 완전히 무시한다. 약속을 지키지 않는 것이다. '안녕하세요'를 '안냐세염'으로, 그냥을 '걍'으로, '알았어요'를 '알아써여'로 쓴다. 최근에는 어른들이 보기에는 해괴하다고 할 만큼 이상한 글자와 이모티콘이 난무해 언어의 공해로까지 느껴질 정도다.

실제로 웃지 못 할 일들이 벌어지고 있다. 진지하고 심각하게 작성해야 할 시험 답안지에도 통신언어를 마구 쓴다고 한다. 요즘 초등학생들은 받아쓰기마저 제대로 못한다고 선생님들은 탄식한다. 어느 초등학교 5학년의 받아쓰기 시험에서는 만점자가 단 한 명도 없었다고 한다. 이유는 '겨머안(겸허한)', '머쩌근(멋쩍은)'과 같이 소리 나는 대로 쓰거나 통신언어식으로 받아 적었기 때문이라고 한다. 급기야 통신언어와 은어로 인터넷에 연재한 소설이 발간돼 청소년들 사이에서 불티나게 팔렸다는 얘기도 있다. 정말 이대로 가다가는 우리말의 뿌리가 흔들릴 수도 있다.

이런 문제는 비단 한글만의 문제가 아니다. 미국이나 영국에서도 우리와 비슷한 현상이 나타나고 있다. before를 b4로, great를 gr8로 표시하는 등 영어의 언어파괴도 심각하다고 한다.

한글은 세계문화유산으로 지정된 우리 민족의 가장 큰 자랑거리다. 잘 지키고 아껴서 후손에게 물려주어야 한다. 한국이 IT강국이 될 수 있었던 것은 컴퓨터로 쉽게 쓸 수 있는 한글 덕분이다. 한글은 자음과 모음이 조합되어서 글자가 형성되는 표음문자이기 때문에 자판에서 입력하는 데 한자어나 일본어보다 7배나 빠르다고 한다. 말하자면, 컴퓨터 자판으로 같은 자수의 글자를 치는 데 한글이 5초가 걸린다면 한자나 일본어는 35초나 걸린다. 이런 귀중한 유산인 한글을 훼손해서는 안 된다.

언어는 문명을 발전시키는 데 크게 기여해 왔다. 그런 점에서 언어의 파괴는 문명의 발전을 저해할 수도 있다. 인터넷 언어의 남용과 확산을 경계하는 것은 그 때문이다. 벌써 인터넷 언어를 잘 아는 세대와 그렇지 못한 세대의 단절 현상이 나타나고 있다. 정부에서도 더 이상 한글 파괴를 눈뜨고 내버려 두어서는 안 된다. 무엇보다 청소년들이 자발적으로 바른말 쓰기 운동을 벌여야 한다.

⭐ 관련 인물

세종대왕(1397~1450) 조선의 4대 왕이며 태종의 셋째 아들. 정치·경제·문화 등 모든 면에서 큰 업적을 남겼고 조선 왕조의 기틀을 닦았다. 1446년 한글을 창제했고 측우기, 해시계, 물시계도 만들었다. 여진족을 물리쳐서 국경을 압록강과 두만강까지 늘려 오늘날과 같은 국토를 확보한 사람도 세종대왕이다.

세종대왕

⭐ 시사상식과 지식

외계어(N 언어) 인터넷에서 쓰는 통신언어를 일컫는 말. 알파벳과 일본글자, 특수문자, 한글자모 등 컴퓨터 자판에 있는 것이면 무엇이든 끌어다 써서 일반인들은 무슨 뜻인지 알 수 없도록 표현한 사이버상의 언어다. 외계인들이 쓰는 언어처럼 이해할 수 없는 말이라는 뜻에서 이런 이름이 붙었다.

⭐ 알아둬야 할 한자어

獨特 (홀로 독, 특별할 특)	다른 것과 견줄 것이 없을 만큼 특별하게 다름.
遺産 (남길 유, 낳을 산)	죽은 뒤에 남겨 놓은 재산. 선조들의 업적.
公害 (공변될 공, 해칠 해)	산업이나 교통의 발달에 따라 사람이나 생물이 입게 되는 여러 가지 피해.
沮害 (막을 저, 해할 해)	막아서 못 하게 해침.
毁損 (헐 훼, 덜 손)	체면·명예를 손상함.
濫用 (넘칠 남, 쓸 용)	정해진 규정이나 범위를 벗어나서 함부로 씀.
擴散 (넓힐 확, 흩을 산)	널리 퍼져 흩어짐.

1. 인터넷 통신과 편지의 장단점을 비교해 보자.

2. 인터넷에서 사용하는 용어로 부모님과 대화를 나누어 보고 좋은 점과 나쁜 점을 말해 보자.

3. 한글의 우수성에 대해 조사해 보자.

26 온라인 게임 중독은 왜 나쁠까?

게임에 중독된 청소년들이 늘어나 사회 문제가 되고 있습니다. 심지어 며칠 동안 잠도 자지 않고 게임에 몰두하던 사람이 죽었다는 소식이 들려오기도 합니다. 게임 중독은 마약 중독과 다를 바 없는 사회의 해악입니다. 게임 중독의 나쁜 점과 중독을 막을 방법은 없는지 자신의 생각을 글로 써 봅시다.

★ 글을 쓰기 전에 알아야 할 내용 ★

- **마력이란 무엇인가?** | 사람을 현혹하는, 원인을 알 수 없는 이상한 힘.
- **중독성이란 무엇인가?** | 먹거나 들이마시거나 접촉하면 목숨이 위태로울 수도 있는, 병적 증상을 일으키는 성질이나 중독으로 인하여 나타나는 특성.
- **취업이란 무엇인가?** | 일정한 일거리를 잡아 직장에 나가는 것.
- **자제력이란 무엇인가?** | 자기의 감정이나 욕망을 스스로 억제하는 힘.

> **요점**
> 컴퓨터 게임은 하나의 스포츠로 자리 잡을 만큼 보편화되었고 삶에 활력을 주는 긍정적인 측면이 있는 게 사실이다. 그러나 지나치면 마약처럼 중독이 돼 건전한 생활을 해치게 된다. 공부를 등한시하는 것은 물론이고, 밥도 굶은 채 게임을 하다 신체에 이상이 생겨 죽는 사건도 일어난다. 지나친 게임에 대한 절제가 필요하다.

얼마 전 충격적인 뉴스가 있었다. 밥도 거르고 온라인 게임을 하던 고등학교 2학년 학생이 갑자기 쓰러져 사망했다는 것이다. 이런 사건은 처음이 아니다. 끼니도 제대로 챙겨 먹지도 않고 나흘 동안 게임만 하던 20대 청년이 죽은 사건도 있었고, 아이 엄마가 게임에 빠져 아이를 돌보지 않아 아이가 죽는 일도 있었다.

사실 게임 자체를 부정적으로만 바라 볼 것은 아니다. 게임 인구는 크게 늘어나고 있고 이제는 하나의 스포츠로 자리 잡고 있다. 바둑이나 장기와 같은 취미 활동으로 볼 수도 있다. 프로 바둑기사가 있듯이 게임에도 프로 게이머들이 있어 큰 인기를 얻고 돈도 많이 번다.

게임을 적당하게 하면 좋은 점도 많다. 신나게 게임에 몰두하다 보면 어느새 마음에 응어리진 것들이 풀린다. 친구들과 온라인으로 같은 게임을 하며 놀 수도 있다. 어떤 게임은 두뇌를 훈련하는 데 도움을 주기도 한다.

그러나 늘 문제는 정도가 지나치기 때문에 생긴다. 게임은 마력 같은 것이 있어 하면 할수록 더 많이 하고 싶고 점점 빠져나오기 힘들게 된다. 술이나 담배처럼 게임도 중독성이 있다. 하지 않고는 못 배길 정도로 흥미롭게 만든 게임 물들이 하루가 멀다 하고 쏟아져 나와 청소년들을 유혹하고 있다.

게임에 심하게 빠지면 운동을 하지 않고 컴퓨터 앞에만 앉아 있기 때문에 당연히 건강이 나빠진다. 혈압이 올라가고 심장에도 병이 생길 수 있다. 더 심해지면 정신병까지 얻는다. 결국에는 밥이나 잠보다 게임이 좋아지는 중독 현상이 생기게 되는 것이다.

게임 중독이 위험한 이유는 또 있다. 게임은 실제로 다른 사람에게 큰 피해를 주기 때문이다. 조사에 따르면 게임은 사람을 폭력적으로 만든다. 실제로 친동생을 살해한 중학생을 조사해 보니, 게임에 빠져 현실과 게임을 구분하지 못하고 게임을 할 때처럼 동생에게 흉기를 휘둘렀다고 한다.

외국에서는 게임에 중독된 고등학생이 총을 가지고 다니며 학교와 극장에서 마구 쏴버린 사건도 있었다. 심지어 게임을 못하게 하는 엄마에게 폭력을 휘두르는 일까지 있다고 하니 게임 중독의 나쁜 점은 길게 설명할 필요가 없을 정도다.

무엇이든 적당하게 하면 약이 될 수 있다. 하지만 다른 것들과 마찬가지로 게임 또한 지나치게 하면 좋지 않다. 1주일에 한두 번쯤, 시간도 한두 시간 정도 하는 것은 괜찮을 것이다. 부모님이나 선생님의 말씀을 따라 시간을 정해 놓고 하면서 자제력을 기르는 것이 좋다.

관련 인물

폰 노이만(1903~1957) 헝가리에서 태어난 미국의 수학자. 컴퓨터를 크게 발전시켜 컴퓨터의 아버지로 불린다. 양자물리학, 논리학, 기상학에도 크게 기여했다. 어린 시절부터 문제를 푸는 데 놀랄 만큼 빨랐고, 비상한 기억력을 가졌다고 한다. 1942년 8월 컴퓨터 중앙처리장치의 내장형 프로그램을 처음 고안했다. 이 방식은 오늘날에도 컴퓨터 설계의 기본이 되고 있다.

폰 노이만

시사상식과 지식

VDT 증후군 비디오 영상장치 단말기 증후군, 컴퓨터 단말기 증후군이라고도 한다. TV, 비디오 게임기, 컴퓨터 등을 오래 사용한 뒤 생길 수 있는 여러 증상을 말한다. 오랫동안 컴퓨터 모니터 앞에서 반복적으로 손으로 일을 하는 사람들에게서 발생할 수 있다. 나쁜 자세나, 어두운 조명 등이 원인이며 처음에는 눈의 피로, 두통, 위장병, 목과 어깨의 통증 등이 생긴다.

알아둬야 할 한자어

害惡 (해할 해, 악할 악) 해악
해가 되는 나쁜 일.

沒頭 (빠질 몰, 머리 두) 몰두
다른 생각을 할 여유가 없이 어떤 일에 오로지 파묻힘.

誘惑 (꾈 유, 미혹할 혹) 유혹
꾀어서 정신을 혼미하게 하거나 좋지 아니한 길로 이끎.

症候群 (증세 증, 기후 후, 무리 군) 증후군
몇 가지 증후가 늘 함께 나타나지만, 그 원인이 명확하지 않거나 병적인 증상들을 통틀어 이르는 말.

 더 생각해 보기

1. 컴퓨터 게임 중독을 예방하고 치료할 방법은 없는지 생각해 보자.

2. 컴퓨터 게임 중독이 알코올이나 마약 중독과 비교해 사회에 어떤 해악을 끼치는지 알아보자.

3. 적당히 하면 이롭지만 지나치면 해로운 것이 어떤 게 있는지 알아보자.

27 자연과 환경은 왜 보호해야 할까?

최근 숲이 울창한 열대우림지역인 남미 아마존 강 유역이 개발로 파괴되고 있습니다. 우리 나라에서도 오·폐수를 강으로 흘려보내는 파렴치한 행위를 자주 봅니다. 자연과 환경을 훼손하면 결국 인간에게 피해가 돌아오게 됩니다. 이에 대한 자신의 생각을 글로 써 봅시다.

☆ 글을 쓰기 전에 알아야 할 내용 ☆

- **아마존 강** | 남아메리카 북부에 있는 세계에서 두 번째로 긴 강. 브라질, 페루, 볼리비아, 콜롬비아, 베네수엘라, 기아나 등의 나라가 인접해 있다.
- **생태계란 무엇인가?** | 어느 환경 안에서 사는 생물군과 그 생물들을 제어하는 제반 요인을 포함한 복합 체계를 말한다.
- **오존층이란 무엇인가?** | 오존을 많이 포함하고 있는 대기층. 지상에서 20~25km의 상공이며 인체나 생물에 해로운 태양의 자외선을 잘 흡수하는 성질이 있다.

요점 20세기 들어 개발이라는 이름으로 세계의 환경은 급속히 파괴되고 있다. 환경이 오염되면 인간에게 직접적인 피해를 준다. 공기와 물이 오염되면 그것을 마시는 인간의 건강은 심각한 해를 입는다. 인간의 생존을 위해서 자연은 보호하고 파괴된 환경은 되살려야 한다.

아마존 강의 열대림은 지구 산소의 4분의 1을 만들어 내 '세계의 허파'라고 불린다. 이 세계의 허파가 10년 새 우리나라 땅 면적만큼 파괴됐다고 한다. 지구의 온도는 점점 높아지고 있으며, 그 탓에 그린란드 빙하가 500년 안에 다 녹아 낮은 곳에 있는 세계 도시들이 물에 잠길 것이라는 뉴스도 나왔다.

사람은 자연에 의존해서 살아간다. 우리가 쓰는 물과 석유, 철, 나무, 소금, 고기, 채소 등 어느 것 하나 자연에서 나오지 않는 것이 없다. 그러면서도 그 고마움을 잊는 경우가 많았다. 자연이야 어떻게 되든, 나중에 인간에게 어떤 영향을 미치든, 우선 필요한 것을 얻겠다며 자연을 마구 훼손했다. 지금도 여전히 우리나라는 물론 세계 곳곳에서 사람들은 나무를 베어 내고 자동차 매연을 뿜어내며 더러운 물을 강에 흘려보내고 있다.

사실 지구 상에 인구가 늘면서 개발은 피할 수 없다. 사람들이 살 땅이 부족해져서 발길이 닿지 않은 새로운 곳을 찾아서 집터와 공장 터를 만들었다. 그러다보니 숲과 들판을 멋대로 파헤쳤다. 꼭 필요한 만큼만 개발을 해야 하는데, 심하게 욕심을 부린 경우도 많았다. 또 공장이나 집에서 나오는 오염물질을 마구 버려 자연을 더럽혔다.

오염된 환경은 생태계를 파괴한다. 나무와 풀이 죽고 물과 맑은 공기가 더러워지면 작은 생물이 살 수 없고 이것들을 잡아먹고 사는 큰 동물도 살수 없다. 생태계가 파괴되면 자연이 황폐해져 인간도 살지 못한다. 그래서 파괴된 생태계를 복원하려는 작업이 곳곳에서 진행되고 있다.

자연을 보호하고 생태계를 유지하는 일은 나부터 시작한다는 마음을 가지는 것이 중요하다. 우선 산이나 바다, 길가에 쓰레기를 함부로 버리지 말아야 하고 머리를 감을 때 샴푸를 조금만 쓰고 분리수거를 철저하게 하도록 한다. 집에서는 생활오수를 줄이고 공장에서는 폐수를 반드시 정화해서 흘려보내 수질을 깨끗이 하는 데 힘을 보태야 한다. 가죽을 얻거나 건강식으로 먹으려고 멸종위기에 있는 동물을 잡아서도 안 된다. 정부에서는 이런 행위들을 엄중히 단속해야 한다.

환경오염과 자연의 파괴는 인간에게 직접적인 피해를 준다. 강물과 바다를 오염시키면 물고기와 해산물 들이 오염되고 그 오염된 생물들을 사람이 먹기 때문이다. 오존층이 파괴되면 자외선을 막아줄 수가 없어 사람에게 피부암 등을 일으킨다. 이처럼 자연의 파괴는 곧 인간의 생명에 위협이 되므로, 우리 인간을 위해서라도 환경과 자연은 건강한 상태로 지켜야 한다.

⭐ 관련 인물

존 뮤어(1838~1915) 미국의 자연주의자이며 환경보호가, 문필가. 국립공원을 세계에서 처음으로 만든 인물. 1892년에 미국 최대의 비영리 환경운동단체인 시에라 클럽을 만들어 22년간 회장직을 역임하면서 자연환경 보호에 힘을 쏟았다.

존 뮤어

⭐ 시사상식과 지식

그린피스 자연보호 활동을 하기 위해 1970년 캐나다에서 결성된 국제 환경 단체. 원래는 프랑스의 핵실험을 반대하기 위하여 시작되었으며, 고래를 보호하기 위한 활동을 많이 펼쳤다. 그 뒤 원자력 발전에 반대하고 방사성 폐기물을 바다에 버리는 것을 저지하는 등 폭 넓은 환경보호 운동을 펴고 있다.

온실효과 공장이나 자동차에서 배출된 이산화탄소가 지구를 유리처럼 둘러싸서 마치 온실과 같은 효과를 나타내는 현상. 지구의 열이 밖으로 배출되지 못하는 지구온난화의 주된 원인으로 알려져 있다.

⭐ 알아둬야 할 한자어

鬱蒼 답답할 푸를 울 창	큰 나무들이 빽빽하게 들어서 우거진 모양이 푸름.
煤煙 그을음 연기 매 연	연료가 탈 때 나오는, 그을음이 섞인 연기.
復原 회복할 근원 복 원	원래대로 돌려놓음.

1. 자연 환경을 보호하기 위해 전 세계적으로 벌이고 있는 일들을 알아보자.

2. 지구온난화가 자연생태계를 어떻게 변화시키는지 알아보자.

3. 전라북도에 있는 간척지 새만금 개발에 대한 찬성과 반대 의견을 조사해 보자.

 # 쓰레기 소각장을
마찰 없이 세울 수 없을까?

쓰레기 소각장은 우리가 살아가는 데 없어서는 안 되는 시설이지만, 대부분 자신이 사는 집 옆이나 동네에 세우는 것에는 반대합니다. 꼭 필요한 쓰레기 소각장 건립에 대한 자신의 생각을 글로 써 봅시다.

☆ 글을 쓰기 전에 알아야 할 내용 ☆

- **소각장이란 무엇인가?** | 쓰레기나 폐기물 따위를 불에 태워 버리는 장소.
- **유해물질이란 무엇인가?** | 인체에 해로운 물질.
- **하치장이란 무엇인가?** | 쓰레기 따위를 거두어 두는 장소.
- **분리수거란 무엇인가?** | 쓰레기 따위를 종류별로 나누어서 늘어놓은 것을 거두어 가는 것을 말한다. '따로 거두기', '따로 거두어 가기'로 쓰면 좋다.

요점 소각장이 없으면 쓰레기를 처리할 방법이 없다. 그렇다고 소각장 건설에 반대하는 것을 무조건 지역이기주의라고 나무랄 수도 없다. 실제로 환경오염 물질이 배출될 수도 있기 때문이다. 오염물질을 최소한으로 배출하는 첨단시설을 만들고 시설이 들어서는 지역의 주민들에게는 보상을 해주는 등 해결책을 찾아야 한다.

1978년 3월 미국 뉴욕 근처의 한 마을에서 있었던 일이다. 쓰레기가 얼마나 많았던지 처리할 길이 없어 마을 사람들은 엄청난 쓰레기를 배에 싣고 받아줄 곳을 찾아 항해에 나섰다. 이들은 미국 남부를 거쳐서 중남미까지 여섯 달 동안이나 돌아다녔으나 가는 곳마다 거절당해 다시 돌아올 수밖에 없었다. 쓰레기 처리가 얼마나 어려운지 보여주는 예이다.

사람 사는 곳이면 어디든 쓰레기가 나온다. 동서고금 다를 바 없다. 그리고 사람들이 자신의 주변은 늘 깨끗하기를 바라는 것 또한 똑같다. 그렇기 때문에 누군가가 양보하지 않으면 쓰레기 소각장 문제는 해결하기 어렵다. 최근 독일에도 쓰레기 대란이 일고 있다. 쓰레기 하치장이 꽉 차 불법으로 버려지거나 이웃 나라에 돈을 주고 버린다고 한다.

일단 생긴 쓰레기는 그냥 방치하면 안 된다. 처리를 해야 한다. 가장 좋은 방법은 태워 없애는 것이다. 땅에 묻는 방법도 있긴 하지만, 국토가 좁은 우리나라에서 쓰레기를 모두 땅에 묻을 수는 없다. 그러므로 쓰레기 소각장은 생활을 위해 꼭 필요한 시설이다.

그렇지만 자신의 집 옆에 소각장이 들어서는 것은 아무도 좋아하지 않는다. 쓰레기를 태울 때 나오는 유해물질 외에도, 악취나 연기, 소음 등의 문제도 만만치 않기 때문이다. 어떻게 하면 이 문제들을 해결하고 쓰레기 소각장 건설에 반대하는 의견들을 잠재울 수 있을까?

우선 유해물질과 불쾌함을 유발하는 요소들을 최소화할 수 있는 첨단 장비를 마련해야 한다. 또한 주택들이 밀집한 곳에서 가능한 한 멀리 떨어진 곳에 지을 것이며, 사람들이 혐오감을 느끼지 않도록 보기에도 좋게 짓도록 한다. 소각장이 들어서는 마을의 주민들에게 공원이나 수영장 같은 복지시설을 만들어주는 등의 혜택을 주어서 주민들의 자발적인 동의를 얻어내는 노력도 필요하다.

이 외에 직접적인 보상을 해주는 방안도 고려돼야 한다. 소각장이 서는 곳 주변의 땅값은 떨어지게 마련이다. 이는 땅주인이 손해를 본다는 것을 뜻하므로 정부는 주민들에게 떨어진 땅값만큼 보상을 해줘야 한다.

쓰레기는 어느 나라에서나 골칫거리다. 쓰레기 처리에는 비결이나 왕도가 없으니 최대한 줄여야 한다. 가장 중요한 것은 분리수거를 통한 재활용이다. 분리수거는 자원도 아끼고 환경오염도 줄이는 일석이조의 효과를 볼 수 있다.

★ 관련 인물

알도 레오폴드(1887~1948) 미국의 환경학자, 생태학자. 미국 아이오와 주 벌링턴에서 태어나 예일대를 졸업하고 삼림 공무원으로 사회 생활을 시작했다. 1933년 위스콘신대학 농경제학과 교수로 초빙돼 일하면서 평생 환경운동에 헌신했다. 20세기 환경운동의 아버지로 불린다.

알도 레오폴드

★ 시사상식과 지식

님비(NIMBY) 현상 '내 뒷마당에서는 안 된다' 는 'Not in My Backyard' 의 각 단어 머리글자를 따서 만든 용어이다. 핵폐기물 처리장이나 쓰레기 소각장 등의 유해시설을 설치하는 데 주민들이 반대하는 현상을 말한다. 반대로 핌피(PIMFY) 현상은 자기 지역에 이득이 되는 시설을 유치하려는 현상. '내 앞마당에 만들어 달라' 는 뜻의 'Please In My Front Yard' 의 준말.

★ 알아둬야 할 한자어

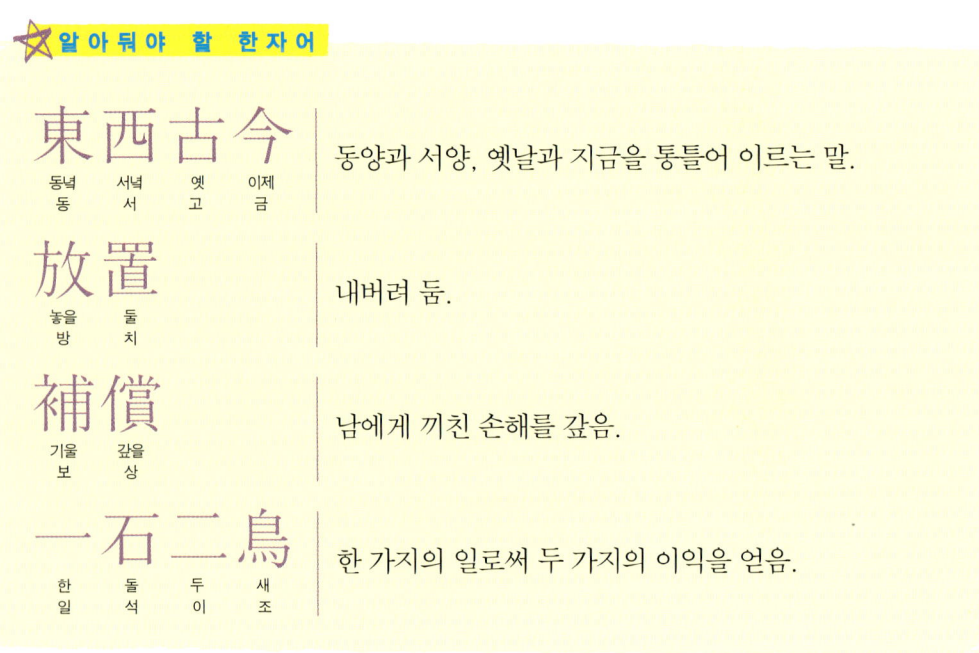

東西古今 (동녘 동, 서녘 서, 옛 고, 이제 금)	동양과 서양, 옛날과 지금을 통틀어 이르는 말.
放置 (놓을 방, 둘 치)	내버려 둠.
補償 (기울 보, 갚을 상)	남에게 끼친 손해를 갚음.
一石二鳥 (한 일, 돌 석, 두 이, 새 조)	한 가지의 일로써 두 가지의 이익을 얻음.

더 생각해 보기

1. 쓰레기 소각장이나 핵폐기물 처리장을 지을 곳이 없다면 어떤 다른 방안이 있는지 생각해 보자.

2. 이기주의와 이타주의에 대해 토론해 보자.

3. 우리 동네에 쓰레기 소각장을 짓는다면 어떨지 온 가족이 모여 생각해 보자.

29 인간을 위한 동물 실험은 옳을까?

TV를 보면 암과 같은 각종 질병 연구에 쓰이는 실험용 쥐들의 모습이 나옵니다. 유전자 기능분석과 신약개발 등 생명공학 분야에서 수없이 많은 동물들이 실험대에 오르고 있습니다. 인간을 위해서라면 동물이 희생되어도 괜찮은지 자신의 생각을 글로 써봅시다.

☆ 글을 쓰기 전에 알아야 할 내용 ☆

- **안락사란 무엇인가?** | 극심한 고통을 받고 있는 불치의 환자에 대하여, 본인 또는 가족의 요구에 따라 고통이 적은 방법으로 생명을 끊는 행위.
- **백신이란 무엇인가?** | 전염병에 대하여 면역을 주기 위해 생체에 투여하는 항원의 하나.
- **생명윤리란 무엇인가?** | 생명을 다루는 과정에서 나타날 수 있는 문제점들을 막기 위해 인간으로서 지켜야 할 도리.

> **요점** 인간을 만물의 영장이라고 한다. 그래서 인간을 위해서라면 무엇이든 어떤 것이라도 희생시킬 수 있다고 인간들은 생각한다. 사람의 인권이 중요하듯이 동물의 생명도 고귀하다. 동물 실험을 꼭 해야 하는 이유는 있다. 인체를 실험 대상으로 삼을 수 없기 때문이다. 그렇다 하더라도 동물 실험은 최소한에 그쳐야 한다.

미국의 한 대학에서 실험용으로 사용했던 아프리카 회색 앵무새 '알렉스' 이야기이다.

동물 실험 과정에서 병에 걸린 알렉스는 한 연구원에게 "미안해요. 고향으로 돌아가고 싶어요."라고 말했다고 한다. 앵무새가 그런 말을 했다고는 믿기 어렵지만 동물도 감정이 있음을 보여주는 이야기다.

의약품이 새로 개발되면 효과가 있는지, 부작용은 없는지 확인하기 위해 동물로 실험을 한다. 의약품이 안전한지 알지 못한 채 사람을 치료하는 데 바로 사용할 수 없기 때문이다. 유독물질을 생쥐의 몸에 넣어 암이 생기는지 보기도 하고, 약을 먹여 부작용이 생기지 않는지 관찰하기도 한다.

실험에 이용된 동물은 실험을 하는 동안 죽기도 하고 안락사를 당하기도 한다. 한 해에 실험을 통해 희생되는 동물의 수는 300만 마리가 넘는다고 한다.

동물 실험은 어쩔 수 없는 면이 있다. 동물을 실험에 사용하지 않는다면 다른 방법이 없기 때문이다. 동물 대신 사람을 상대로 실험을 하는 것은 생각할 수도 없는 일이다.

동물 실험을 옹호하는 사람들은 파스퇴르가 콜레라 백신을 개발하려고 닭과 토끼를 실험 대상으로 썼지만 결과적으로 수많은 인명을 구하지 않았느냐고 반문한다. 지금까지 노벨의학상을 수상한 사람들의 3분의 2가 동물 실험을 해서 훌륭한 연구 성과를 얻었다고 한다. 그러나 인간의 생명이 고귀하다면 동물의 생명도 마찬가지로 소중함을 알아야 한다. 동물도 아픔을 느끼기도 하고 감정도 있다. 인간의 이기적인 욕심 때문에 많은 동물들이 매일 실험실에서 고통 받거나 죽어가고 있다.

인간과 동물은 신체 구조가 다르기 때문에 동물 실험 결과를 그대로 인체에 적용할 수도 없다. 말하자면, 동물 실험에서는 부작용이 없는 것으로 나타나도 인간에게는 부작용이 있을 수 있다. 동물 실험을 100% 신뢰할 수 없다는 말이다.

그래서 동물 실험은 가능한 한 하지 말아야 한다. 전혀 안 할 수 없다면 최소화해야 한다. 쥐나 토끼 같은 고등동물 대신 물고기 등 고통을 느끼지 못하는 하등동물을 이용하거나, 실험 횟수를 줄여야 한다. 영국에서는 화장품의 독성을 연구하기 위한 동물 실험을 1997년부터 아예 금지시켰다. 화장품이 생명을 구하는 약품도 아닌데 동물에게 실험을 해서 고통을 주는 것은 지나치다는 주장 때문이었다.

요즘 생명윤리의 중요성이 강조되고 있다. 동물의 생명을 귀중하게 다루는 것도 생명윤리의 하나다. 많은 동물의 목숨을 앗은 대가로 난치병을 정복하게 되었다. 그래서 우리는 인간을 위해서 희생된 동물들의 고마움을 알아야 한다. 실험이 불가피하더라도 생명 하나하나를 소중하게 여기는 마음을 가져야 한다.

★ 관련 인물

파블로프(1849~1936) 러시아의 생리학자. 1904년 노벨생리·의학상을 수상했다. '파블로프의 개' 실험을 통해 대뇌의 작용에 의한 조건 반사를 밝혀냈다.

파블로프

★ 시사상식과 지식

731부대 제2차 세계대전 때 중국 헤이룽장성 하얼빈에 주둔해 세균전을 준비하던 일본군 부대. 이 부대의 일본군들은 동물이 아니라 중국인과 한국인 등을 강제로 데려가 살아 있는 인간에 대한 생체실험을 했던 것으로 알려지고 있다. 강제로 생체실험을 당한 사람은 '마루타'라고 불렸다. 2005년 8월 이 부대가 생체실험 대상으로 삼았던 1,463명의 증거 문서들이 공개됐다.

★ 알아둬야 할 한자어

靈長 (신령 영, 긴 장) | 영묘한 힘을 가장 많이 가졌다는 '사람'을 일컫는 말.

副作用 (버금 부, 지을 작, 쓸 용) | 약이 지닌 본래의 작용 이외에 부수되어 일어나는 작용. 보통 유해한 것을 이름.

擁護 (낄 옹, 도울 호) | 두둔하고 편들어 지킴.

反問 (돌이킬 반, 물을 문) | 상대방의 말을 되받아 묻는 것.

1. 제2차 세계대전 때 일본이나 독일이 강제로 생체실험을 했던 사실에 대해서 자세히 알아보자.

2. 인간의 존엄성과 동물 생명의 소중함은 다른 것인지 토론해 보자.

3. 사람들이 소고기와 돼지고기 등 짐승들의 고기를 먹는 것에 대해 생각해 보자.

30 웰빙 바람을 어떻게 봐야 할까?

요즘 광고에 웰빙이라는 말이 자주 등장합니다. 웰빙이란 즐겁고 건강하게 산다는 좋은 뜻인데 반드시 좋은 점만 있는 것은 아닙니다. 돈이 많이 들고 너무 신체적인 건강만 강조해서 그렇습니다. 웰빙의 좋은 점과 부정적인 면은 어떤 게 있는지 써 봅시다.

☆ 글을 쓰기 전에 알아야 할 내용 ☆

- **웰빙(well-being)이란 무엇인가?** | 사전에 풀이하고 있는 대로는 '행복·안녕·복지·복리'라는 뜻이지만 바쁜 일상과 스트레스에서 벗어나 건강한 육체와 정신을 갖고자 하는 생활양식을 가리킨다.
- **유기농이란 무엇인가?** | 화학비료, 농약, 제초제 등 일체의 화학물질을 사용하지 않고 유기물과 자연광석, 미생물 등 자연적인 방법만을 이용한 농업.
- **전유물이란 무엇인가?** | 혼자서 독차지하여 가지는 물건.

요점 웰빙이라는 말이 유행하고 있다. 농약을 쓰지 않은 채소를 먹고 헬스 클럽에서 운동을 하며 건강을 가꾸려는 사람들이 늘고 있다. 그러나 웰빙은 기본적으로 돈이 많이 들기 때문에 부자들의 전유물로 변질되고 있다. 참된 웰빙은 육체적인 것이 아니라 올바르고 건전한 정신을 추구하는 것이다.

'**열**심히 일한 당신, 떠나라!' 일을 열심히 했다면 어디론가 여행을 가서 쉬라는 뜻으로 눈길을 끌었던 광고 문구다. 이 말은 최근 유행하고 있는 웰빙이란 말과도 뜻이 통한다. 남녀노소를 막론하고 웰빙이라는 말을 모르는 사람이 없고 웰빙이라는 글자가 들어가지 않은 물건은 팔리지 않을 만큼 웰빙은 우리 생활의 중요한 부분을 차지하게 되었다.

웰빙은 우리말로 '참살이'라고 부른다. 한마디로 '잘 먹고 잘 사는 것'이다. 즉 몸과 마음이 건강하고 즐겁게 사는 것을 말한다. 웰빙 바람이 불면서 유기농 농산물과 같은 건강식품이 잘 팔리게 되었고, 요가나 명상 등 건강을 유지하기 위한 취미 활동이 유행하게 되었다.

웰빙 바람이 불게 된 이유는 우리가 가난에서 벗어나 물질적인 풍요를 누리게 되었기 때문이다. 먹고 살기에 바빴던 시절에는 질 높은 삶에 관심조차 가질 수 없었다. 그러나 1인당 국민소득 2만 달러를 바라보게 된 지금 국민들은 단지 먹고 사는 것이 아니라 몸과 마음을 건강하게 가꾸며 인생을 즐기는 데 관심을 두게 됐다. 그만큼 여유가 생긴 것이다.

웰빙 열풍의 좋은 점은 첫째, 국민들의 건강 증진에 도움을 준다는 것이다. 또 웰빙 제품이 잘 팔려서 경제에도 보탬이 되고 있다. 아등바등 살던 사람들이 삶을 즐기면서, 일을 할 때도 더욱 즐거운 마음으로 하게 된 점도 긍정적인 점이다. 마음이 즐거우면 공장에서 하루에 물건을 10개 만들던 사람이 15개도 만들 수 있다. 한 사람 한 사람이 인생을 여유롭게 바라볼 때 사회 전체의 분위기도 좋아진다.

하지만 웰빙이 다 좋은 것만은 아니다. 부정적인 측면도 무시할 수 없다. 먼저 웰빙은 상업적으로 이용될 가능성이 크다. 음식과 다이어트 제품, 심지어 가구나 아파트, 화장품에까지 웰빙이라는 글자를 앞에 붙여서 건강에 좋다고 선전한다. 물론 얼마나 좋은지에 대한 명확한 표시나 기준도 없다. 다음으로 웰빙은 아무래도 돈이 많이 들기 때문에 부유층에서나 누릴 수 있는 것이다. 따라서 먹고 살기에 급급한 빈곤층에게는 '그림의 떡'일 뿐이다. 돈 많은 사람들이 나만 잘 먹고 잘 살면 된다는 생각을 하면 가난한 사람들은 이기주의라고 비난할 것이다.

많은 사람들은 웰빙을 신체적인 건강을 위해 돈을 아낌없이 쓰는 것쯤으로 생각하고 있다. 그러나 건강한 삶이란 육체만 건강하다고 해서 얻어지지 않는다. 좋은 음식을 먹고 돈을 들여 헬스 클럽에 가서 매일 운동을 하는 것만이 웰빙은 아니다. 건전한 마음가짐과 훌륭한 인격, 높은 도덕심을 갖추기 위해 노력하는 것이 진정한 웰빙이다.

⭐ 관련 인물

오쇼 라즈니쉬(1931~1990) 인도의 유명한 명상가이며 철학자. 21살에 인도 사가르대학을 수석 졸업한 후 인도 자발푸르대학에서 9년간 철학교수를 지냈다. 인도 전역을 돌아다니면서 강연을 하고, 기성 종교 지도자들에게 전통적인 신앙체계에 이의를 제기하였다. 1960년대 후반 부터 현대인들의 정신적 건강에 관심을 갖고 다이내믹 명상법을 개발 보급했다.

오쇼 라즈니쉬

⭐ 시사상식과 지식

히피족 1960년대에 미국 청년층에서 생겨난 것으로 사회를 벗어나려는 행동을 하는 사람들을 일컫는 말.

여피족 1980년대에 생긴 말. 고등교육을 받고, 도시 근교에 살며, 전문직에 종사하여 연 3만 달러 이상의 소득을 올리는 젊은 세대를 말한다.

보보스족 부르주아의 물질적 풍요와 자유로운 정신의 풍요를 동시에 누리는 미국의 새로운 상류계급층.

⭐ 알아둬야 할 한자어

豊饒 (풍년 풍, 넉넉할 요)	흠뻑 많아서 넉넉함.
經濟 (지날 경, 건널 제)	인간의 생활에 필요한 재화나 용역을 생산·분배·소비하는 모든 활동.
健全 (굳셀 건, 온전 전)	건강하고 온전함.
眞正 (참 진, 바를 정)	거짓이 없이 참으로.

1. 웰빙이라는 말이 존재하지도 않았던 수십 년 전의 생활은 어떠했는지 조사해 보자.

2. 과장광고는 왜 나쁜지 생각해 보자.

3. 정신을 풍요롭게 하려면 어떻게 해야 할지 생각해 보자.